生き残りたければ片づけろ!

CLEARING UP
TO
SURVIVE

自衛隊式片づけ術

元自衛官・お掃除レンジャー社長
畠山大樹 著

飛鳥新社

はじめに

自衛隊で培った片づけのノウハウを伝授します！

私は陸上自衛隊の第1空挺団に3年間所属していた元自衛官です。「なぜ、自衛官が片づけなの？」と思われることでしょうが、両者は大変に関係が深いのです。

周囲を常に清潔に保ち、整理整頓しておくことは、自衛隊においては生き残りに直結します。有事の際には必要なものを瞬時に取り出せなければなりません。どこに何があるか、一目でわかるように整頓しておくことは必須です。

また、装備の部品が足りなかったり手入れを怠っていたりして、いざというときに使えなかったら、それこそ命にかかわります。空挺部隊の仕事道具であるパラシュートを例にとってみれば、おわかりいただけるでしょう。

だからこそ、自衛官はイヤというほど、片づけや身の回りの整理整頓をたたき込まれるのです。たとえば、定期的に行なわれる「台風」という訓練では、教官が部屋に入ってきて、ロッカーの中身をぶちまけたりベッドをぐちゃぐちゃにしたりして散らかします。そしてその際に、こっそりその部屋にあったものを持ち去るのです。部屋に戻った私たちは片づけをしながら何が持ち出されたのかを確認し教官に伝えなければなりません。有事の際、備品ひとつなくしたことで敵に発見され部隊の居場所が特定されてしまう恐れがある以上、何を、どこに、いくつ置いてあるのかを常に把握していなければならないのです。

ちなみに、自衛官ひとりに与えられるスペースはロッカーひとつと二段ベッド下に収納されたケースのみ。自衛官は皆、必要最低限のものだけで暮らすミニマリストでもあるのです。これほど片づけや整理整頓に向いている職業はないでしょう。

しかし、考えてみると常に危険と隣り合わせなのは、自衛官に限ったことではありません。とくに近年の日本では、地震、津波、台風、豪雨など大きな災害が頻繁に起きています。非常袋や食料の備蓄といった、いざというときの備えをしておくのはもちろんですが、「サバイバル精神」を誰もが養っておくことが重要です。サバイバル精神とは、いざというときに生き残るための、肉体的・精神的な備えのことです。掃除・片づけは、究極的にはサバイバルを目的として行なうものです。

ふだんから部屋を片づけておくことは、非常時の避難経路を確保し、同時にしっかり頭に入れることにつながります。掃除は身体を習慣的に動かすため、ダイエットのみならず、いざというときに機能的に動かせる、身体づくりにも役立ちます。

そして日用品、仕事道具などがきちんと整理整頓されていれば、瞬時に必要なものが取り出せるので、効率的に素早く物事を処理することができます。

部屋の中のモノを機能的に並べられるということは、頭の中でさまざまな物事が整理整頓されていることと同義です。片づいた部屋に住んでいる人は、無駄なく考えられ、動くことができる。つまり、パフォーマンスが高いわけです。

このように考えると、掃除や片づけ、整理整頓によって、自ずと人生のさまざまなパフォーマンスが上がっていくことになります。

これらは生まれつきの能力や、好みとは関係ありません。繰り返して行なうことにより、誰でも身につけることができる技術です。私自身、自衛隊入隊前はどちらかというと部屋が散らかっていても気にならないタイプでした。しかし、訓練で文字通り身体にたたき込まれることによって、呼吸をするように、掃除・片づけを行なえるようになり、今では、そのノウハウを活かし清掃会社を経営するに至っています。

本書は片づけの本ではありますが、本当に皆さんに身につけてほしいのは、掃除のやり方や手順よりも、それを習慣化する方法です。片づけを毎日の生活の中でルーティン化することのほうが、やり方や手順よりもはるかに大切なのです。

まずは、朝、起きたらベッドを直す、窓を開けて空気を入れ替えるなど、できることからでいいので、騙されたと思って「同じ動作を毎日繰り返して」みてください。それだけでも、あなたの人生は確実に変わり始めます。

２０１９年12月　畠山大樹

CONTENTS

STEP 0 目標の部屋をイメージする

STEP 1 片づけスタート！ 自衛隊式 捨てる技術

STEP 2 モノが外に出ない 自衛隊式 収納・整理整頓術

STEP 3

匍《ほ》匐《ふく》前進!? 自衛隊式 チリひとつない清掃術

STEP 4

モノを増やさない 自衛隊式 維持・メンテナンス術

STEP 5

災害に備える 自衛隊式 サバイバル片づけ術

自衛隊式 お掃除・片づけQ&A

自衛隊式 TECHNIQUE FILE

鉄則

1

掃除・片づけの究極の目的は〝サバイバル〟

掃除・片づけというと、家事の一環であり、仕事や遊びなどと比べれば優先度が低いと考えている人も多いでしょう。例えば忙しい日が続いたとき、掃除をする時間や気力がなくて、部屋が荒れ放題になってしまう……などということもしばしばあるのではないでしょうか？

しかし、掃除・片づけは生活の中で、もっともと言ってもいいぐらい、優先されるべきものと私は考えています。私は自衛隊の空挺団に3年間所属し、整理整頓の習慣を身体にたたき込まれました。なぜ自衛隊でそのようなことを教えるかというと、非常時には整理整頓できているかが命に直結するからです。

例えば備品ひとつなくせば、自分の存在を敵に知らせることになり、命の危険を招きます。ですから、自分の持ち物を一から十まですべて把握しておくことが

非常に大切なのです。

実はこれは、自衛隊員だけのことに限らず、一般の人でも言えること。地震や火事などの際、例えば家の外に脱出しようとしたとき、床にモノが散乱していると、それだけ行動のスピードが落ちます。また、余計なストレスを増やし、パニックを招くことになるリスクを高めます。有事の際はただでさえ、気持ちが高ぶってあせっている状態。そんな中、散乱したモノをよけたり、必需品を探したりして行動に時間がかかると、さらにあせりが倍増します。冷静な判断がくだせなくなり、命を危険にさらす恐れがあるのです。

つまり、ごちゃごちゃした空間の中で生活している人は、それだけ有事の際、生き伸びる確率が低くなると言えます。

鉄則

2

家中にあふれているモノは ほとんど必要がないモノ

片づけ下手、掃除下手の人に共通しているのが、家の中にモノが多すぎることです。モノが多いと、単純に自分のスペースが狭くなってしまいます。また何を持っているのか自分でも把握できなくなり、整理整頓することも、有効に使うこともできなくなります。これでは持っている意味はありません。つまり、家の中にあるにもかかわらず把握できていないモノは、不必要なモノなのです。

では、なぜ、モノが多くなってしまうのでしょうか。

それは、多くの人が「もったいないから」「いつか使うときがある」と考えるためです。一見、エコで用意周到なように感じられますが、本当にそうでしょうか。例えば、「いつか使うかも」と言いながら、長いことしまったまま、忘れ去られているモノも多々あります。

また、心がこもっているモノも、家の中に蓄積しがちです。思い出の品、大切な人が贈ってくれたモノ、子どもが小さかったときの写真などなど……。しかし、何もかもいっしょくたに箱に詰め込んで、物置のどこかにあるなどというのでは、本当に思い出を大切にしているとはいえないのではないでしょうか。

モノを減らすには、要・不要の判断が必須です。しかし「もったいないから」「とりあえず」「思い出だから」と保管しておくというのは判断の保留であり、一種の逃避。逃避し続けていても、解決することは何もありません。

それどころか、モノが多いと、掃除するのにも手間がかかるため、ついおっくうになってしまいます。こうして、モノだらけ、ホコリや汚れだらけの部屋ができあがります。

モノに囲まれることでなく、部屋がスッキリと整うことに喜びを感じましょう。そうすれば、自然と散らからない部屋になっていきます。

鉄則

3

スペースには
コストがかかっている
ことを意識する

「モノがもったいない」という発想はあっても、スペースにお金がかかっていることに気づいていない人は意外に多いようです。

家に友人を泊めるとしましょう。2〜3日のことならよいのですが、長期にわたる場合は、家賃ぐらい払って欲しいと思いますよね。

不要なモノが家の中にあるのも、実は他人が家に泊まり続けているのと同じことなのです。

スペースにもコストがかかっています。地代の高い場所に住んでいる人ならば、モノにかけたお金より、それを保管することのほうに余計にお金がかかっていることも考えられます。

つまり、不必要なモノを保管しておくことは空間効率という点では、明らかに

「もったいない」のです。

私がスペースへのコスト意識をシビアに持つようになったのも、自衛隊の経験からです。

訓練施設では、4人がひとつの部屋で共同生活をします。個々に許されている収納スペースはロッカー1個とベッド下に置く収納ボックス1個。自衛隊での生活は、まさに「ミニマル生活」なのです。このスペースを極限まで切り詰められた生活の中で、本当に必要なモノだけを選別する目が養われたと言えます。

世の中にはたくさんの便利なモノがあふれていますが、人が暮らしていくのに、それほど多くのモノは必要ありません。

むしろ非常時には、たくさんのモノを持ち出すことはできません。手持ちのモノをどううまく役立てていけるかの知恵のほうが大事になるのです。

日頃から少ないモノで暮らす意識を持つことも、有事への備えとして大切です。

鉄則

4

家具の配置や収納は 動線を優先して考える

家具を配置するときやモノを収納するとき、皆さんは何を基準にされますか？見た目の美しさももちろん重要な要素だと思いますが、私が一番に優先するのが「動線」です。やはり、有事の際にスピーディに動けること、という自衛隊員としての意識が基盤になっています。

災害の際、逃げ道にモノがごたごたと置いてあると、素早く移動することができません。ですから、モノはすべて物置やクローゼットに収納し、大きな家具も逃げ道の動線上には置かないようにします。

動線が大事なのは、非常時だけではありません。例えば朝起きてから身支度をして家を出るまで、私は最短時間、最短距離で行なうように身体にクセづけています。必要な身の回り品や仕事道具も、外出のときに手に取れる場所に置いてお

きます。つまり、外出までの動線を頭に入れておき、それに沿って家具やモノを配置するわけです。だからこそ、最短時間で動くことができるのです。

自衛隊の訓練では分単位でスケジュールが組まれており、もたもたしていると自分の自由時間にどんどん食い込んでいきます。下手をすると入浴の時間がなくなったり、睡眠が削られたりしてしまいます。自然と、時間へのコスト意識も厳しくなるわけです。そうして効率的に動くにはどうしたらいいかを徹底的に考えていった結果、動線が基本になるという考えに至りました。

動線を考えることは、行動のシミュレーションを行なうこと。だからこそムダのない動きとなり、失敗の確率も低くなります。

本書では、私が発見した、動線に基づく効率的な掃除・片づけを紹介しています。大切なのは、これを実際に自分で何度も繰り返してやってみること。徐々に自分に合うやり方が見つかり、身体にもなじんでいくと思います。

鉄則

5

掃除は大胆かつ手早く行なう

掃除は健康的、かつ効率的に生活するために必要不可欠です。しかし単なる手段であって、目的ではありません。ですから、時間をかけて丁寧に行なう必要もありません。できるだけ短時間で成果を上げることが大切です。

これは自衛隊時代にたたき込まれた考え方ですが、さらに現在、掃除をビジネスにするようになってから、まさに実感していることでもあります。

掃除は細やかに行なうよりも、大きな動作で大胆に、手早く行なうほうが効率的です。例えば、ぬれ雑巾でちまちま拭くよりも、シャワーでざーっと流してしまったほうが早く確実にキレイになります。

このように短時間で楽にできれば、掃除をしようと気力を奮い起こす必要もありません。

しかし、仕事で伺うお宅では掃除をしようとする場所にモノがごちゃごちゃと置いてあることが多く、大胆に掃除をすることができません。

例えばリビングの床にモノが落ちていたら、一気に掃除機をかけられませんね。また、キッチンのカウンターや洗面台、浴室についても同じで、シャワーを流す前に、まずモノをどけなければなりません。

しかも、せっかくピカピカになったところにまたモノを置き直すので、キレイになったという印象も薄れてしまいます。これではやりがいがありません。

つまり、あらかじめ部屋の中にモノを置かないという意識が大切。これにより、より短時間で掃除を行なえるようになり、キレイな状態を楽に保つことができるというわけです。

鉄則

6

掃除に才能は必要ない。
繰り返しで体得する

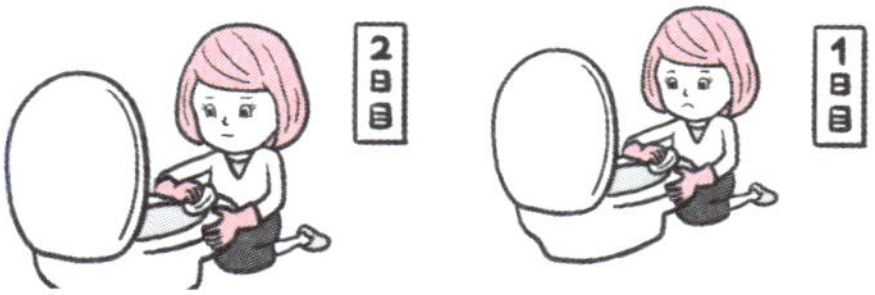

自衛隊では、日々の行動をルーティン化することを非常に重要視します。朝起きてベッドを整え、身支度をして整列をするなど、数分単位で組まれたスケジュールをこなすのは大変ですが、繰り返すうちに、無意識に身体が動くようになります。

なぜルーティン化するかというと、これにより、行動に無駄がなくなるだけでなく、いつもと違う行動をとると違和感を覚えるようになるので、ミスも起きにくくなるためです。

もちろん、ここまでになるのは大変です。例えば、自衛隊では掃除や整理整頓がきちんとできているか上官にチェックされますが、そのとき髪の毛が1本落ちていたり、畳んだシーツの角が数ミリずれているだけで、一からやり直しをさ

せられます。

また、限られた時間内で身支度をするとき、衣服や装備をきちんと着けるのは至難の業です。しかし、乱れているとやはり注意を受け、元に戻って一から身に着けることになります。

何度もやり直すのは、もちろん懲罰的な意味もありますが、反復行動によって身体にたたき込み、ルーティン化していくという意味合いが大きいのです。

掃除も、最初から完璧にしようと思う必要はありません。「夕食の前に掃除機をかける」「トイレを使ったら拭く」「モノを使ったら元に戻す」という行動を愚直に繰り返しましょう。一つひとつの行動からムダがそぎ落とされ、手際がよくなってきます。

ここまで来ると、「掃除をする」という意識もなく、常に部屋はキレイに保たれるようになります。

掃除以外についても同じです。毎朝ジョギングをするなら、ともかく起きて走ればいいのです。距離が短くても、タイムが遅くても構いません。結果はあとでついてきます。習慣にすることで、意識せず変わっていくのです。

鉄則

7

必要なのは掃除ではなく、現状維持である

「掃除をする」というと何か特別な行動のように思えます。しかし実際は、「現状維持」であり、普通を保つための当たり前の行動なのです。

ホコリがたまったら掃除機で吸い取る、食べ物がこぼれて汚れたら拭き取る、その動作を繰り返していれば自然とキレイな部屋がキープできます。

ただし、いったんそのルーティンがストップしてしまうと、すぐに部屋が散らかっていきます。そうなると、「散らかった状態」がその人にとっての「現状」になってしまいます。

もともと床にモノが落ちている部屋であれば、さらにモノが増えたとしても変化には気づきません。

また、ホコリがたまっていれば、それが普通なので、さらに蓄積してもノープ

ロブレムということになってしまいます。このように、いったん部屋が散らかってしまうと、「現状維持」というよりも、さらに汚さが増していくということになります。

こうなると、部屋を元に戻すには、「掃除」という特別な行動が必要になってしまいます。汚れはたまればたまるほど、除去するのに時間も手間も倍増します。掃除をしようという気持ちを奮い起こすのも大変になっていきます。

ぜひ、キレイな部屋を自分にとって普通の状態にしましょう。そうすれば、あとは現状維持のための行動を繰り返していくだけです。

鉄則

8

掃除・片づけは身体のメンテナンスにもなる

ダイエットや健康のためにウォーキングやジョギングをしたいけれど、なかなか継続できないという悩みをよく聞きます。

継続にはコツがあります。運動をついでに行なえるぐらい、生活の中に取り込んでしまうこと。そうすると、続けているという意識もなく運動が習慣になり、ダイエットも成功しやすくなります。

実は、掃除・片づけは身体を整えるのにも役立ちます。

実際にやってみるとわかりますが、風呂掃除ひとつとっても、隅から隅まできれいにすると汗びっしょりになるぐらい身体を使うものです。

つまり、掃除を毎日の習慣にしている人は、意識しないうちに結構なカロリーを消費し、筋肉も使っていることになります。

また私のように、毎日の行動を分刻みで計っている者にとっては、掃除は健康のバロメーターにもなります。掃除をしていていつもよりキツく感じたり、時間がかかったりする場合は、身体の調子が悪いか、太ってきた証拠ということになります。

鉄則1（12ページ）に「掃除・片づけの究極の目的はサバイバル」と書きましたが、災害時には体力も非常に重要です。避難するときに、身体が思うように動かなければ、ケガをしたり、逃げ遅れたりする原因になるでしょう。

毎日掃除で身体を動かしながら、自分の体力をチェックしておくということは、サバイバルの意味でも役立つのです。

鉄則

9

捨てる習慣を身につけよう

モノを持たない習慣を自衛隊で身につけた私でさえ、知らず知らずのうちに、家の中にモノが増えてしまっています。今の日本にはモノがあふれていて、それらが安価に、容易に手に入ってしまうからです。

例えば、駅前で配っているポケットティッシュをついうっかり受け取ってしまい、いつの間にか山のようにたまっていたという経験はないでしょうか。

また、便利なネット通販はクリックするだけで、あらゆるモノが購入できます。そのおかげで、本当に必要なのかよく考えずに買ってしまうという行動が、昔よりずっと増えていることでしょう。

その他、毎日届くダイレクトメールや書類。必要か不必要か、判断に迷っているうちにあっという間にたまってしまいます。

このように、モノは放っておくと増殖していきます。シーズンに一度、年に一度といったタイミングで見直し、いらないモノを家の中から排除していきましょう。また、ひとつ買うなら、必ずひとつは捨てるという行動を習慣づけましょう。

最近では、ミニマリズム＝最小限のモノで暮らすライフスタイルに価値が置かれるようになっています。モノを手に入れることよりも、経験することのほうが大切だという考え方も一般的になってきました。

モノを持つことよりも、何もない空間で過ごすことに喜びを見出しましょう。生活の中からモノをそぎ落としていくなかで、自分にとって本当に必要なことを見つけていきましょう。

鉄則

10

部屋が片づいていると人生の能率がアップする

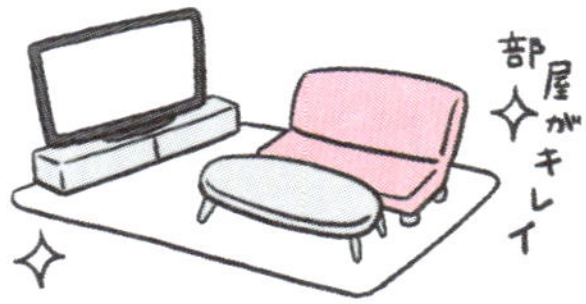

書類や筆記具がごちゃごちゃしている机と、整理整頓が行き届き片づいている机、どちらが仕事がはかどるでしょうか。考えるまでもなく、後者のほうでしょう。規模を拡大して、家という単位で考えれば、スッキリ片づいた家のほうが、一つひとつの行動がスムーズにいくということになります。

実際、クローゼットや収納家具の中が整理整頓されていないと、必要なモノを取り出すまでに余計な時間と手間がかかります。また、イライラすることによってストレスも増えてしまいます。

見つからないモノを探すたびに、生活の中で、時間的な余裕や精神的な余裕さえ、目減りしていくわけです。これでは、仕事にしろ何にしろ、ベストなパフォーマンスを発揮することはできないでしょう。

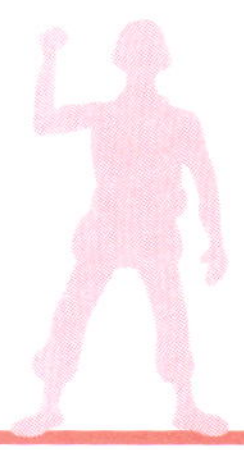

また、片づいていない部屋に住んでいると、次第にそれに慣れてしまいます。汚さへの感度が鈍くなるのです。たとえが悪いのですが、傷んだミカンが箱の中のミカン全部を腐らせてしまうのと同じ。一箇所の汚れが全体へ、やがて自分自身へと広がっていきます。つまり、部屋が片づいていないと、行動や外見にも、何となくだらしなさが表れてしまうわけです。

反対のことも言えます。自分の今の生活レベルよりはちょっと上の上質なモノ、例えば、ブランドの高級な靴を買ったとしましょう。自然と歩き方も気をつけますよね。また、ごちゃごちゃしたホコリだらけの玄関には置きたくないし、その周囲を掃除したくなるのではないでしょうか。このように、質のよいモノを持つと、行動が変わる。襟を正したくなることがあります。

掃除の効果も同じです。まず、身の回りを片づけることから始めましょう。ホコリを掃除機で吸い取る、出したモノをしまう、テーブルを拭く……一つひとつの行動を一心にこなしていきます。するといつか、ガラスのくもりが取り除かれたように、世界が変わって見えるようになります。自信がついて、考え方が前向きになります。また目の前のことに集中できるようになり、パフォーマンスが上がります。人生の能率がアップするわけです。

STEP 0
目標の部屋をイメージする

片づけを始める前に、目標とする部屋をイメージしてみましょう。理想は、不必要なモノが一切ない、シンプルな部屋です。

TARGET 1 リビング

雑多なモノをつい置きっぱなしにしてしまいがち。
床にもテーブルにも、
何もない状態を保つことが大切。

収納
モノはすべてクローゼットや棚などに整理して収納し、表にはモノが何も出ていない状態。

ソファ＆カーペット
ソファは丸洗いできるカバーがついたモノが、カーペットは毛足の短いモノがおすすめ。

床
チリひとつなく、ピカピカに磨かれているのが理想。脱出口となる窓・出入り口のそばには家具などを置かない。脱出口への動線にも、ゴミ箱などのモノを置かない。

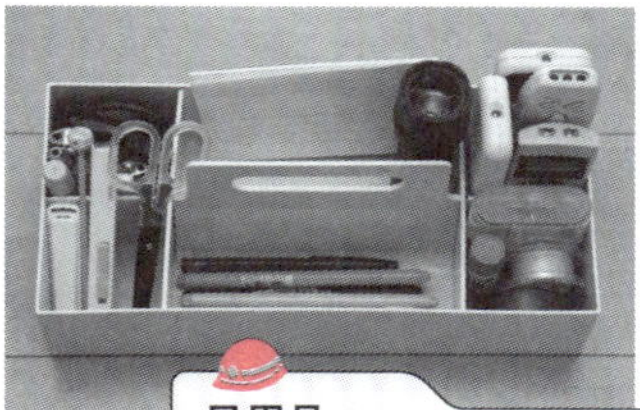

日用品
使用頻度の高いリモコンや筆記用具、爪切りなどの日用品は、仕切りのついたボックスにまとめて置いておく。

TARGET 2 キッチン

キッチンカウンターの上に
何もない状態をキープ。
調味料や水切りラックなどを
ごちゃごちゃ並べないこと。

キッチンカウンター
カウンターの上はスッキリさせておく。
蛇口などはピカピカに光らせておく。

食器棚
機能的な食器を大きさ・形別に分類し、並べる。割れ物・重いモノは下に収納。

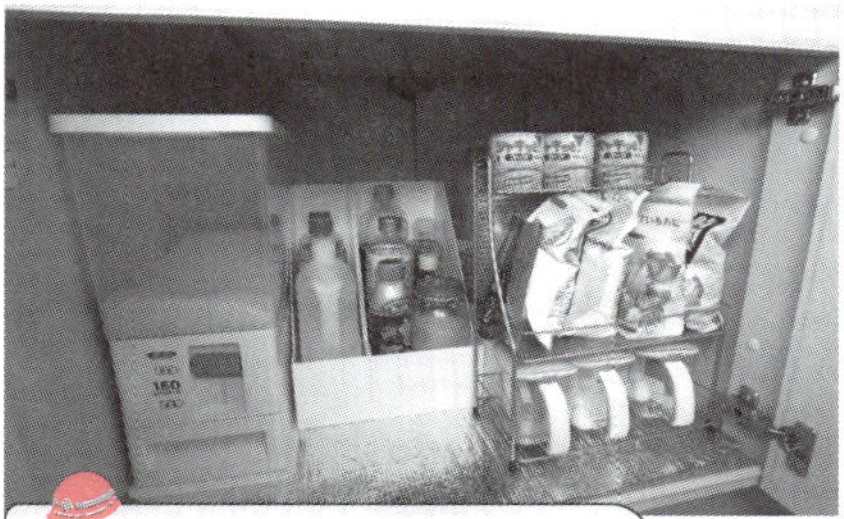

シンク下の引き出しや収納棚
調理器具は取り出しやすいよう、整理して収納。ごちゃごちゃしがちな調味料も、見えないところにしまう。

TARGET 3

洗面所&バスルーム

洗剤などの小物は持ち運びがしやすいようまとめる。汚れやすい場所なので、常に掃除がしやすい状態にしておく。

収納棚

タオル類はコンパクトに畳み、色を揃えて収納するとよい。

鏡・蛇口

磨いてピカピカに光らせておく。

洗面台

洗面ボウルの回りには何も置いてない状態に。洗面グッズは持ち運びできるカゴにまとめ、収納棚にしまう。

バスグッズなど

バスルームにモノが氾濫するのを防ぐため、各自が使用するものをカゴなどにまとめ、その都度持ち込むようにするとよい。水切りができるメッシュのものがおすすめ。

TARGET 4 トイレ

家の中で一番汚れる場所。
とにかくこまめに掃除をすることが大切。

便器
表側、内側、縁の裏までピカピカに磨いておく。使うたびに汚れを落としておくと掃除がラクに。
壁
見落としがちだが意外に汚れているのが壁。臭いの原因にもなるのでこまめに掃除すること。

TARGET 5

玄関

有事の際の脱出口となる。
動線にモノを置かないようにしておく。

たたき

土、ホコリで汚れやすい。表面が光るぐらいに拭き上げておく。余分な靴が出ていない状態にする。

靴箱

使わない靴は靴箱にしまう。靴の数は上限を決めておくことが大切。臭いの対策も忘れずに。

TARGET 6 寝室&クローゼット

テトリスゲームのように、空間を無駄なく使って洋服を収納する。持っている衣服すべてが見渡せるよう、スッキリさせておくのがポイント。

寝室
災害時など、いざというときのためにライトとスリッパは必ず用意しておくこと。

棚
バッグなどの小物を置くスペースに。

ハンガーラック
上着やスーツ、シャツなどはハンガーにかけて吊す。色別に分け、間隔をあけて吊しておく（P.74参照）。

引き出し収納
Tシャツ・靴下・下着など畳んでしまう衣服は引き出しに。引き出しは浅めのものを選ぶとよい。

自衛隊式
TECHNIQUE
FILE 01

部屋の写真を撮ってモチベーションをアップ

掃除へのモチベーションをアップするために、自宅の写真を撮ってみましょう。写真が撮れたら、前ページまでの「理想の部屋」と比べてみてください。映り込んでいる余計なモノを捨て、汚れを取り除くなど、何をどうすべきかが具体的に見えてきます。

人間の視覚は“慣れ”によってくもらされるが、レンズを通すことで、客観的に判断できる。

自分の部屋を他者の視線で見ると…
意外にだらしない！

お掃除レンジャーのアドバイス

掃除後、ピカピカになった部屋の状態も撮影するといいですね。ビフォーアフターを比べて見ることで、達成感が出て「この状態を維持しよう」というモチベーションもアップしますよ。

STEP 1

片づけスタート！自衛隊式

捨てる技術

さあ、片づけを始めていきましょう。第一段階として、
家中にあふれている不必要なモノ＝ゴミをすべて捨てます。

STEP1

01 片づけは散らかすことから始める

整理や掃除が得意でない人からは、そもそも片づけ方を知らない、どこから手をつけてよいかわからない、という声をよく聞きます。この際、あらゆる引き出しをあけて、一切合切を明るみに出しましょう。

部屋の中にあるモノを把握することが片づけのスタートです。これだと部屋中にモノが散乱して生活できない状態になりますが、それでOK。いわば背水の陣を敷いて、無理矢理にでも、片づけないといけない状況をつくりだすのです。

このあとに、捨てるモノを分別していきますので、仕分け用のゴミ袋あるいは不要物をいったん置くスペースを確保してから着手することが大切です。

CHECK POINT

- □ 引き出しなどの収納にしまってあるモノをすべて出してみる。家にあるモノをまず把握する
- □ 不要物を入れる袋あるいは、不要物をとりあえず置くスペースを確保しておく
- □ 家中にあるモノを、必要なモノと不要なモノに仕分けする

散らかし方のコツ

①
②
③
①
②
③

どんなに片づけ下手でも、ある程度分別して引き出しや収納ボックスにしまっているはず。出したモノは一箇所にまとめるのでなく、引き出しごとに出して小さな山をつくっておくとよい。

必要物・不要物の仕分け方

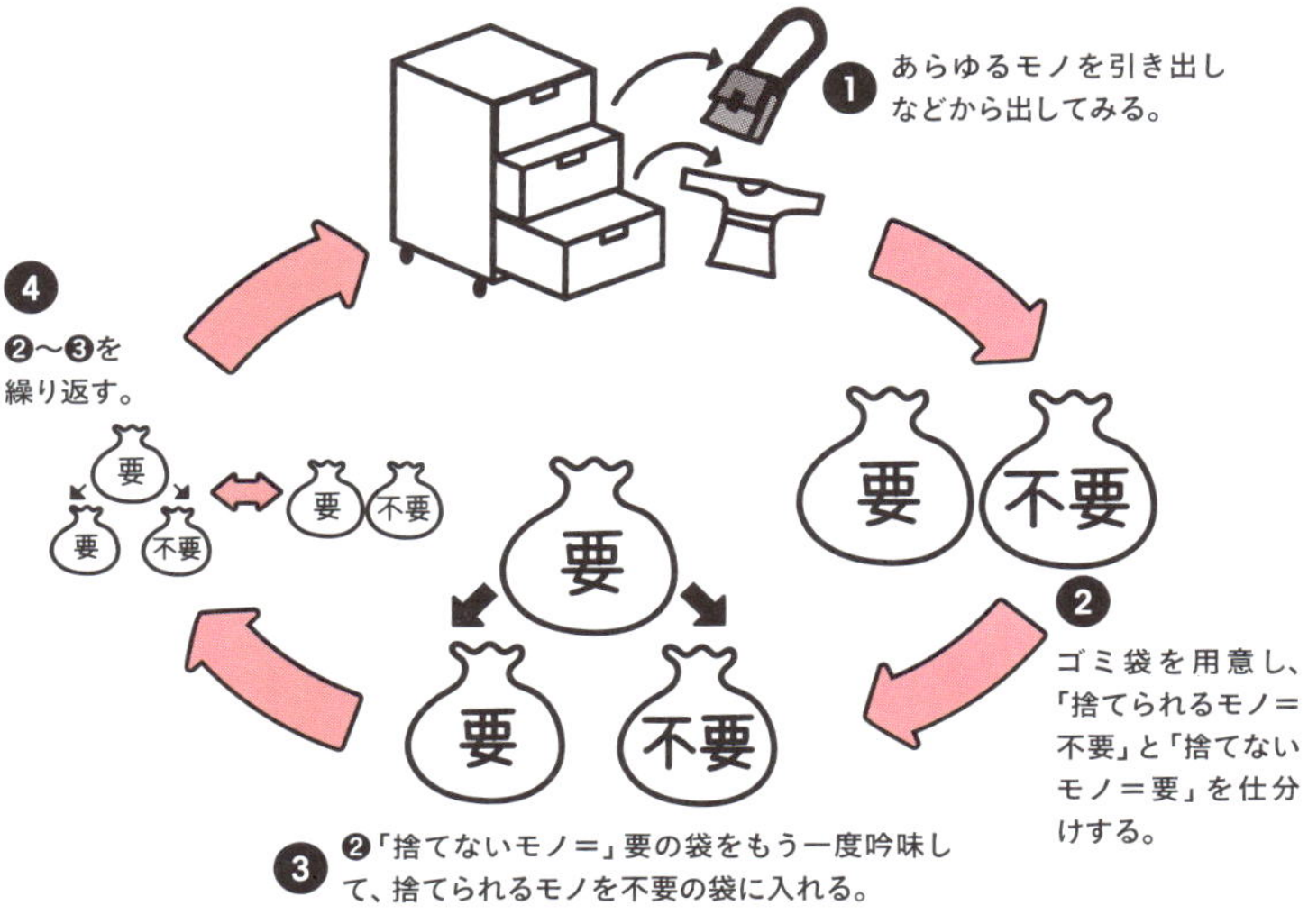
❶ あらゆるモノを引き出しなどから出してみる。
要
不要
❷ ゴミ袋を用意し、「捨てられるモノ＝不要」と「捨てないモノ＝要」を仕分けする。
要
要
不要
❸ ❷「捨てないモノ＝」要の袋をもう一度吟味して、捨てられるモノを不要の袋に入れる。
❹ ❷〜❸を繰り返す。
要
要
不要
要
不要

STEP1

02 使用頻度を基準にし、使わないモノは潔く捨てる

必要か不必要かの判断基準として一番簡単なのが、「使う頻度」です。例えば1カ月、1シーズン、1年などと期間を決め、使う頻度を考えてみます。その間使用しなかったモノは「捨てるモノ」に仕分けします。

このとき「いざというときのために…」とか「いつか使うかも…」と感じたとしても、不必要だと割り切りましょう。

また、置き場所を把握していなかったようなモノ、つまりふと出てきたときに「あ、ここにあったんだ」と思うモノは、不要と判断してよいでしょう。

「捨てるのはもったいない」と思うモノは、保管しておくスペースの価値に見合っているかどうかで判断しましょう。

CHECK POINT

- □ 要・不要の一番の判断基準は「使用頻度」
- □ ある一定期間使わなかったモノはいらないモノと判断してよい
- □ 「モノがもったいない」などと、ついとっておきたくなる人は、「保管するためのスペースこそもったいない」と意識を改める

仕分けの手順

貴重品・生活用品・書類など、
ある程度の種類に分ける

1年・1シーズン・1カ月・毎日など、
使う頻度で分ける

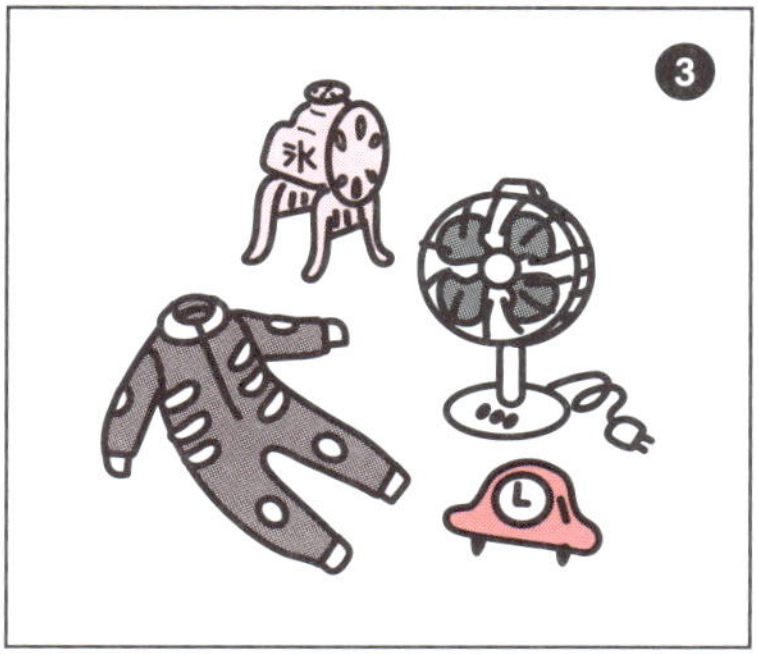

いずれにも入らないモノ、
判断できないモノが大量に出る

❸をさらに要／不要で仕分けし、
できるだけ減らしていく

お掃除レンジャーのアドバイス

自衛隊では、個人に許されるスペースはロッカー1個と二段ベッドの1段分。自然と、スペースへのコスト感覚がシビアになります。モノを保管するのはぜいたくなのです。

衣類

□ 1シーズンに一度も着ていないモノ→今後も着ない

□ 2～3年着ているモノ→デザインも古びてくるので、買い替えを検討する

書類

□ 郵送されてきた書類は、その場で確認して要・不要に仕分けするのが鉄則

□ あとで判断するためにとっておいても、結局見返すことはない。そして、必要な書類だけは見つからない、なんてことにもなりかねない

□ 重要な書類は種類ごとに分けて、クリアファイルなどで保管する→P.64～参照

本

□ 一度読んだモノ→大切な情報なら頭や心に残っている。何度も読み返すことがない本はすべて捨てる

□「本をとっておかなければならない」という認識を改める

自衛隊式 TECHNIQUE FILE 02

モノ別 仕分けの基準

必要・不要なモノを仕分けるための基準です。
これを基準に、使わないモノは思い切って処分しましょう。

思い出のモノ

- □ 「モノを保管する＝思い出をとっておける」というのは幻想である
- □ 思い出深いモノも、物置一杯に突っ込んであれば眺めることも思い出すこともない
- □ 例えばアルバム３冊、記念品３つ、段ボール１箱分などと分量を決め、あとは処分するようにする

人からもらったモノ

- □ 「人がくれたモノ＝心がこもっている」という考えは思い込み→くれた本人は覚えていないこともある
- □ 使わないモノはムダなモノ。気持ちだけありがたく頂き、処分するのがよい
- □ 捨てることに抵抗があるならリサイクルやネットオークションを利用する

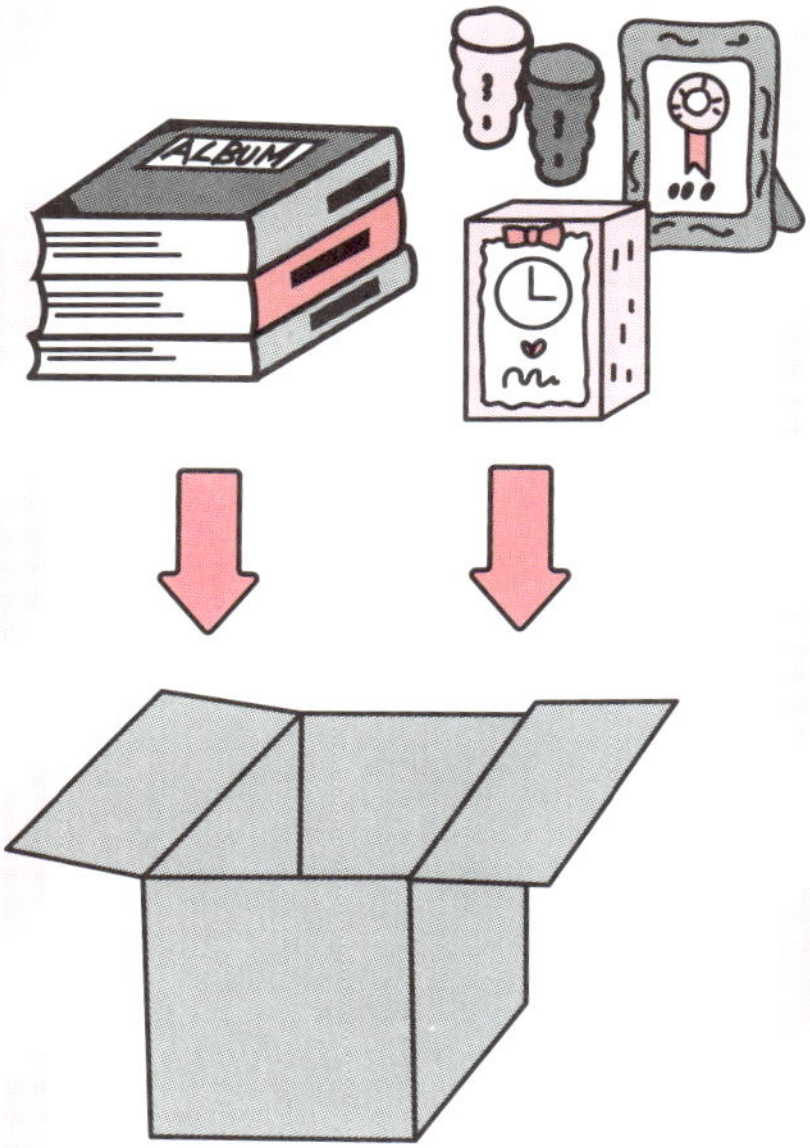

お掃除レンジャーのアドバイス

モノは放っておくと増えます。季節に１回くらい見直して、捨てる習慣をつけましょう。

STEP1

03 スペースを基準にして必要なモノを選別する

ここまでで、家の中にあふれていた不要物＝ゴミが処分され、テーブルの表面や床が見える状態になってきたのではないでしょうか。今度は、家の中のスペースを確認しながら、さらにモノを減らしていきます。

基本的に、モノはすべてつくりつけの収納スペースや、整理棚の中にしまいます。つまりその中に収まる量が、自分の持てるモノの上限ということになります。

モノと収納スペースを見比べながら、適切な量を考えてみましょう。モノが多すぎる場合は、やはりもう一度必要・不要の分別に立ち返り、不要なモノを処分しましょう。

CHECK POINT

- □ モノはすべて収納し、表からは見えない状態にするのが理想
- □ 収納スペースに収まる量が、自分の持てるモノの上限となる
- □ 収納スペースと見比べながら、適切な量を決めていく。モノが多すぎる場合は再度分別、処分する

スペースに合わせたモノの選別の仕方

収納スペースの中のモノをいったん出す。その中に収められるだいたいの分量を知る。スペースに比べて、モノの量が明らかに多い場合は、必要・不要の分別に立ち返って、捨てるモノを決める。

貴重品・生活用品・書類・記念品など、モノを種類ごとに仕分ける。
例）A：貴重品　B：生活用品
　　C：書類　　D：記念品

❷のそれぞれの分量に沿って収納するスペースを割り当てていく。収納グッズを使うなどして、整理・収納していく（P.72参照）。

お掃除レンジャーのアドバイス

モノをなかなか捨てられないのは、捨てる勇気が出ないからという声をよく聞きます。収納スペースを目安にし、「入らないモノは捨てるしかない」と思い切りましょう。

COLUMN

自衛隊宿舎での掃除

自衛隊の宿舎では、掃除については非常に厳しい決まりがありました。まず大勢が暮らす施設ですので、汚れやすい。また自衛隊では規律が何より大切ですから、どこもかしこもチリひとつなく、整っている必要があります。宿舎が汚れていると、自衛官そのものがだらしなく見えてしまいます。

トイレ・風呂などの水回りや、宿舎の階段・廊下など隊の全員が使う場所は、部隊ごとに当番制で掃除していました。

掃除は就寝の1時間前と決まっていて、掃除に30分かけ、あとの30分で身支度をして就寝という手順になっていました。

必ず上官がチェックにやってきて、お決まりの「指でこすってホコリをチェック」したり、ライトで照らして隅々まで確認したりします。見落としがあるとやり直しをさせられ、就寝に間に合わなくなってしまうのです。

ですから、とにかくチェックにひっかからないことが大事でした。

いくら掃除しても、チェックしたときキレイに見えないと、やり直しをさせられてしまう。だから、見せ方も大切なのです。

床にワックスをかけるときには、ポリッシャーを細かく均一に動かします。そうするとまっすぐできめ細かい跡がつき、床が光って見えます。また、水回りの蛇口を磨いて光らせておくというのも、実際以上にキレイに見せるテクニックです。

これらは家庭でも活用できる裏技です。自衛隊のようにチェックする人はいなくても、家族に「キレイになったね」と言われたり、自分でもやりがいを感じられたりすることは大事ですよね。ぜひ、実践してみてください。

STEP 2

モノが外に出ない 自衛隊式

収納・整理整頓術

片づけてもすぐ散らかる理由は、整理整頓していないから。
モノの居場所を決め、「散らからない部屋」を目指しましょう。

STEP2

01 収納＋整理整頓で、モノが散らからない部屋にする

部屋が片づかない大きな理由として、収納と整理整頓の区別がついていないことが挙げられます。部屋に散らばっているモノを床や机の上にきちんと積み上げたり、引き出しやクローゼットに放り込んだりすることを「片づけ」と思っている人が多くいますが、これは一見片ついたようでも、根本は解決されていない状態。必要なモノを探すのに時間がかかるほか、目当てのモノを取り出すまでに必要ないモノを次々に取り出すことになり、散らかる原因になります。

収納は、モノが収まるべきスペースを確保し、そこに収めること。整理整頓は使うときにすぐ取り出せるよう、分類して見やすく並べることです。片づけには、両方の技術が必要です。

CHECK POINT

- □ 収納は必要なモノをしまっておくこと。整理整頓は見やすさ、使いやすさを考慮してきれいに並べること
- □ モノの収納場所を確保して、種類別に整理整頓しておけば、使う際にサッと取り出すことができ、部屋が散らかることもない

モノの片づけ方

❶
家の中にある不必要なモノをすべて捨て、必要なモノだけが残っている状態にする（STEP1参照）

❷
頻度や用途、色・形などによって分類し、取り出しやすいよう並べる

❸
収納場所を見つける（基本は、モノを使う場所の近くに置く）

例

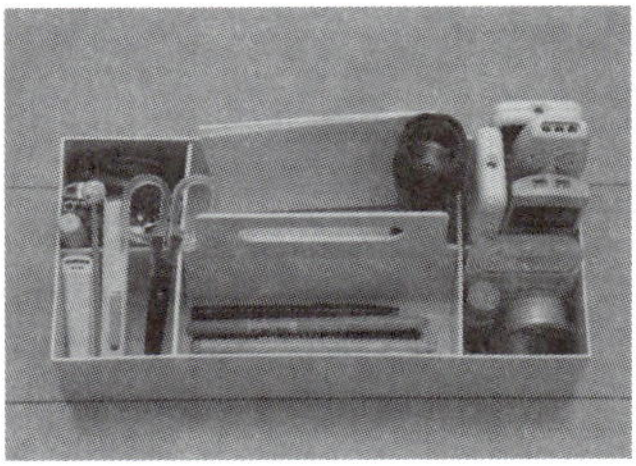

・リモコン、筆記具など、毎日使うモノはひとつのカゴにまとめる

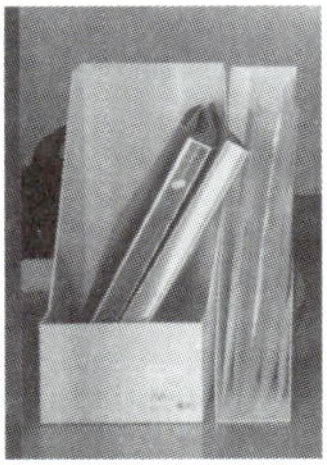

・書類など、ときどき使うモノは収納棚の取り出しやすい場所に

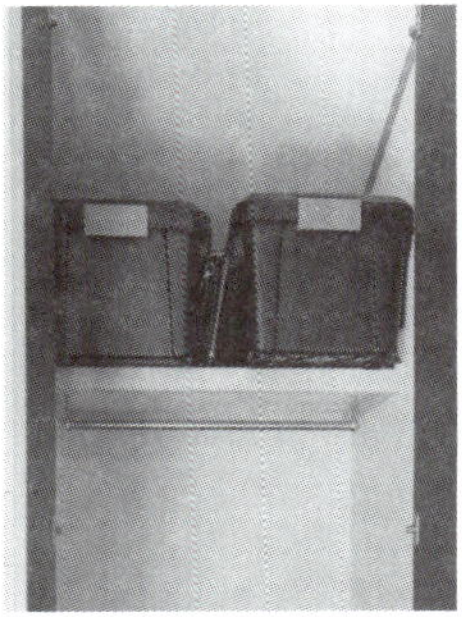

・思い出の品など、滅多に出さないモノは収納棚の取り出しにくい場所でOK

お掃除レンジャーのアドバイス

野外訓練では、背嚢（リュック）に荷物を詰める作業ひとつとってもおろそかにできません。ときには真っ暗な中で、素早く必要なモノを取り出さなければならないためです。
「いつ何をどのように使うか」を徹底的にシミュレーションし、もっとも効率的に取り出せるように収納します。モノを探したりしていると、刻一刻と、自分の休憩時間が少なくなり、体力も目減りするからです。
一般人であっても、災害の場合には1秒でも早く行動できることが生死を分けるかもしれません。必要なモノがどこにあるか、常に把握していることが大切です。

STEP2

02 コツをつかめば、ラクに美しく整理整頓できる

美しく整理整頓するためには、①面《ツラ》を揃える、②色・形を揃える、③角や木目、端を利用する、の3つのコツがあります。

人はモノを見たときに、デコボコしていたり、曲がっていたりすると「乱れている」と感じます。たとえきれいに掃除してあっても、だらしなく見えてしまうのです。

家具を配置したり、モノを収納して並べるときには、①〜③のコツを踏まえて整理整頓しておきましょう。ふだんから、乱れに気づいたときすぐに直すクセをつけておくことで、常に片づいた部屋を保つことができます。

また、急な来客で掃除をする暇がないときなどに、サッと面を揃えるだけで、片づいた印象を与えることができます。

CHECK POINT

- □ モノを収納して整理整頓する場合には、3つの法則を理解しておく必要がある
- □ 片づけには見た目を美しく整える意味もある。コツを踏まえておけば、多少手を抜いてもスッキリ見える

整理整頓の3つの法則

① 面《ツラ》を揃える
② 色・形を揃える
③ 角や木目、端を利用する

お掃除レンジャーのアドバイス

自衛隊では荷物は一分の狂いもないよう、整頓しておきます。整理整頓ができていないと、いざというときに必要なモノが見つからず、命の危険にさらされるからです。

面《ツラ》を揃える

面が揃っていない

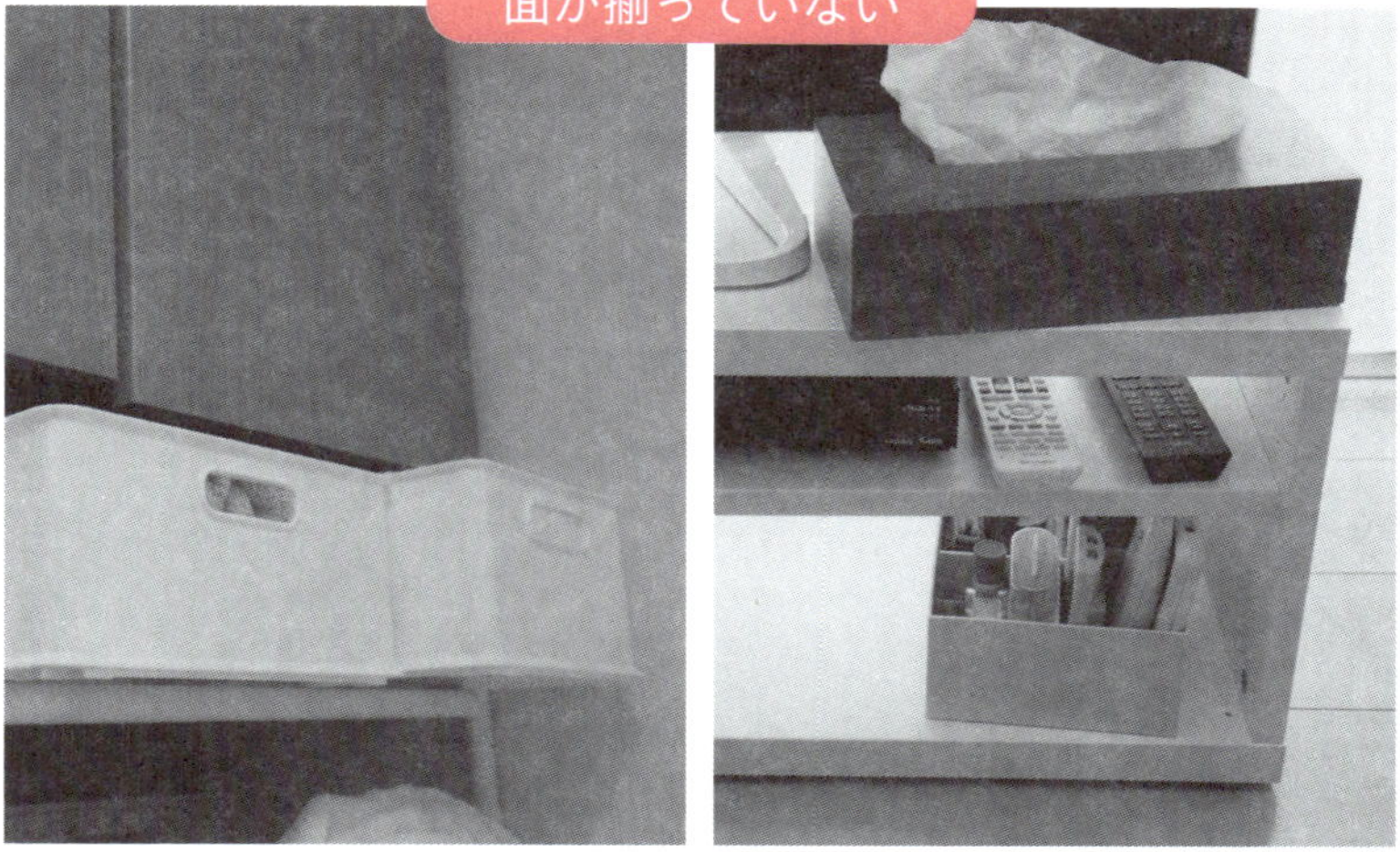

面が揃っている

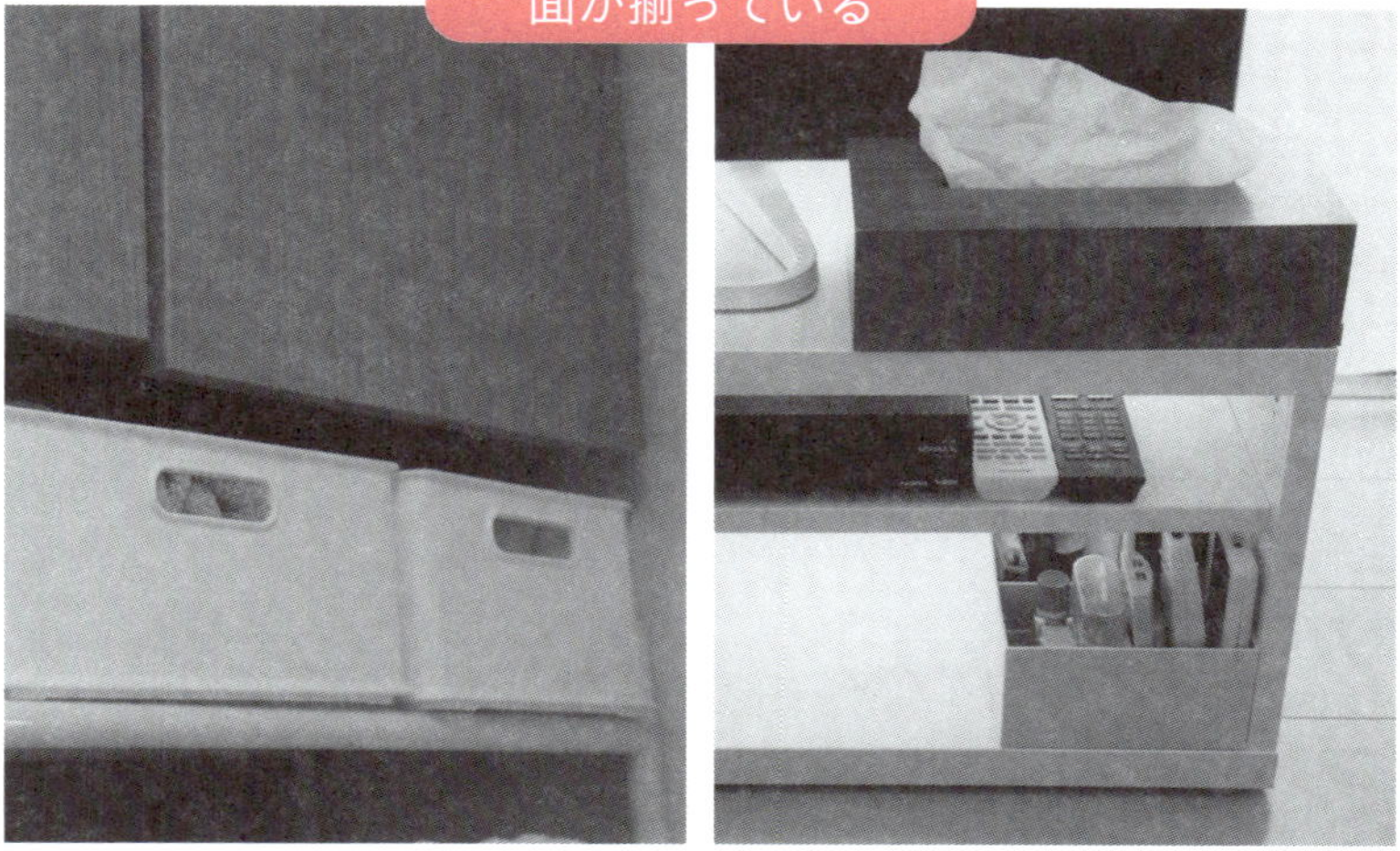

小物を並べるときには面《ツラ》を揃えます。これだけで、部屋がスッキリと整って見えます。

色・形を揃える

同じ色・形のモノでまとめて並べます。見た目が美しいだけでなく、モノを使うときに探しやすく、機能的です。

角や木目、端に合わせる

部屋や家具の角、木目、端を利用して、直角に置きます。木目などがスケール替わりになって、モノの定位置がより正確になるので、部屋の状態を常に同じに保つことができます。

お掃除レンジャーのアドバイス

常に同じ状態を保つのは、変化があった際にすぐに察知できるようにするためです。例えば、日常ではあまりイメージできないかもしれませんが、誰かが忍び込んでモノを盗っていった際、すぐに察知して機敏に対応することができます。

STEP2

03

リビングはロボット掃除機が働ける状態をキープ

せっかくロボット掃除機を持っているのに、床にごちゃごちゃとモノが置いてあり、役立たないという声をよく耳にします。とくに一番散らかる場所がリビング。家族が長く時を過ごし、私物を持ち寄るためです。

一方でリビングは、有事の際には脱出口への通り道となるため、できる限りモノを置かないのが鉄則。目安として、ロボット掃除機が働ける状態を保つようにしましょう。

また、外出先から帰ってきてまず脚を踏み入れるのがリビングという場合も多く、何となく鞄や上着を起きっぱなしにしてしまいがち。最低限、自分のモノは自分で片づけるというルールを家族間で徹底させておくことが重要です。

CHECK POINT

- □ 床にモノが置いてあると、散らかって見えるだけでなく、有事の際に脱出の妨げになる
- □ リビングなど、家族が集まる場所は散らかりやすい。私物は自分の部屋などに持ち帰るよう、ルールを決めておくのが大切

リビングが散らかる三大理由

① 外出先から帰って、何となくソファやテーブルにモノを置いてしまう

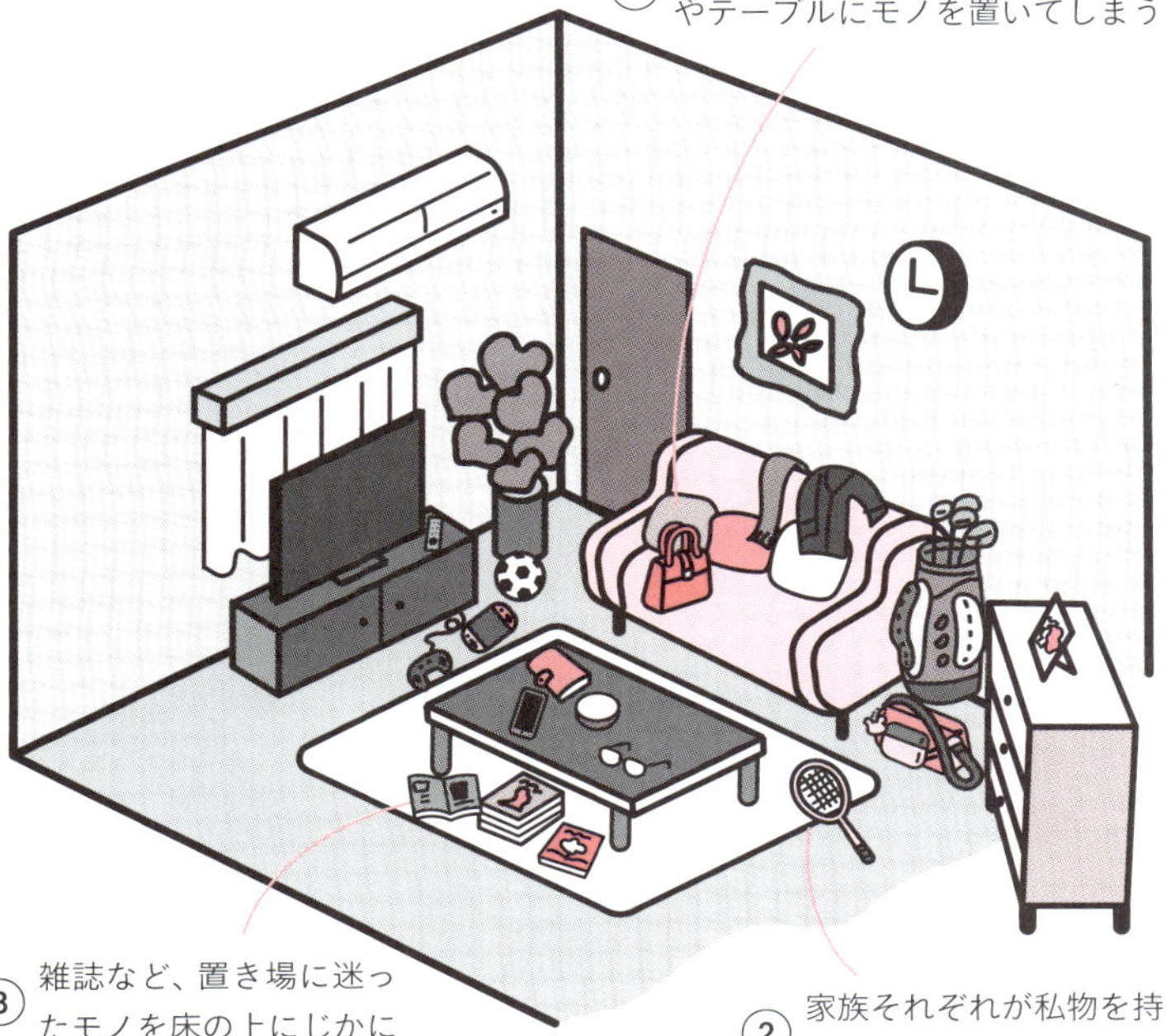

③ 雑誌など、置き場に迷ったモノを床の上にじかに置いてしまう

② 家族それぞれが私物を持ち寄って置きっぱなしにする

↓

ロボット掃除機が働けない! or **掃除がおっくうに**

↓

ホコリや汚れが蓄積していく

キッチン

□ キッチンのカウンターやガスレンジまわりには何もない状態を保つ。拭くときにいちいちモノをどかさなくてよいので、清掃が楽になる

□ 調味料などは冷蔵庫・調味料入れなどにしまう

□ 食器は重ねて食器棚やカウンターの引き出しにしまう（食器を選ぶ際は収納のしやすさを考慮）

□ 食事後、食器を洗ってしまうところまでをルーティンにする（水切りに置きっぱなしにせず、乾いたふきんで水分を拭き取り食器棚にしまう）

玄関

□ 靴がごちゃごちゃと出ていない状態を保つ

□ 脱いですぐはしまわないほうが衛生上よい。玄関に揃えて置いておく

□ 靴の数は靴箱に収納できる量に抑える

洗面所

□ 洗面台の上には何もない状態を保つ。いちいちモノをどかさなくてよいので、こまめに拭くことができる

□ 洗顔料、化粧品、整髪料などは隙間収納棚などをうまく使って収納する

□ 家族それぞれの収納場所をつくる。あるいは、専用のカゴに収め、都度出し入れするとよい

自衛隊式 TECHNIQUE FILE 03

部屋別 片づけ方のポイント

とくに汚れやすいのがリビングですが、その他の部屋も部屋によって散らかり方の特性があります。その特性を理解して整理整頓すると、スッキリとした部屋を保ちやすくなります。

リビング

- □ 何もモノが置いていない状態を常にキープすることが大事
- □ 家族が集まる場所なので、散らかさないよう片づけの訓練の場にするとよい
- □ 家族の私物など、リビングに置く必要がないモノを排除する
- □ 片づけられない人がいる場合は、その人専用のボックスなどを用意しとにかくそこにしまう習慣をつくる

自衛隊では、四隅をキチッと揃え、折り目もまっすぐにしておきます。乱れていると徹底的にぐちゃぐちゃにされ、やり直しを命じられます。

→自衛隊式テクニック　P.60・61参照

寝室

- □ 朝起きてすぐベッドを整えることを毎日のルーティンにする。これだけでも寝室はきれいになる
- □ シーツのしわを伸ばす（or替える）、かけ布団をはたいて伸ばし、折り返す
- □ 枕はしわができないようカバーを裏に折り、ヘッドボード部に並べる
- □ 粘着ローラーをかけて髪の毛、細かいチリなどを取る

シーツ

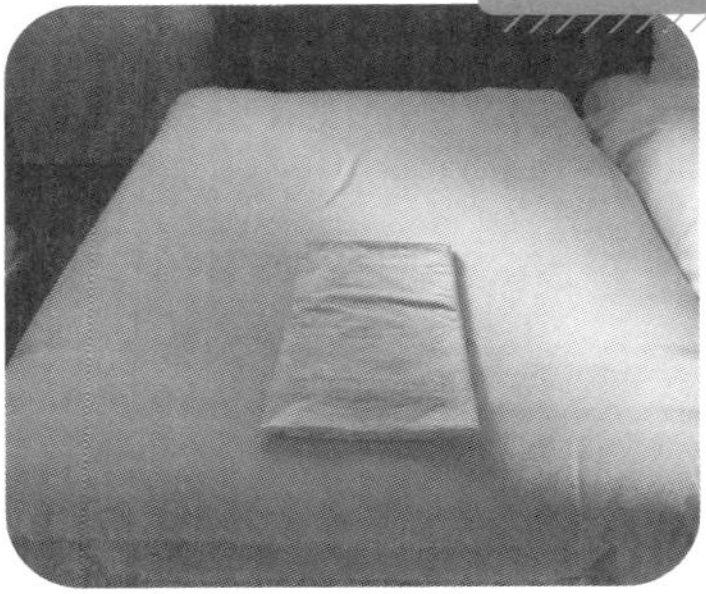

❶ 平シーツをベッドの上に置く

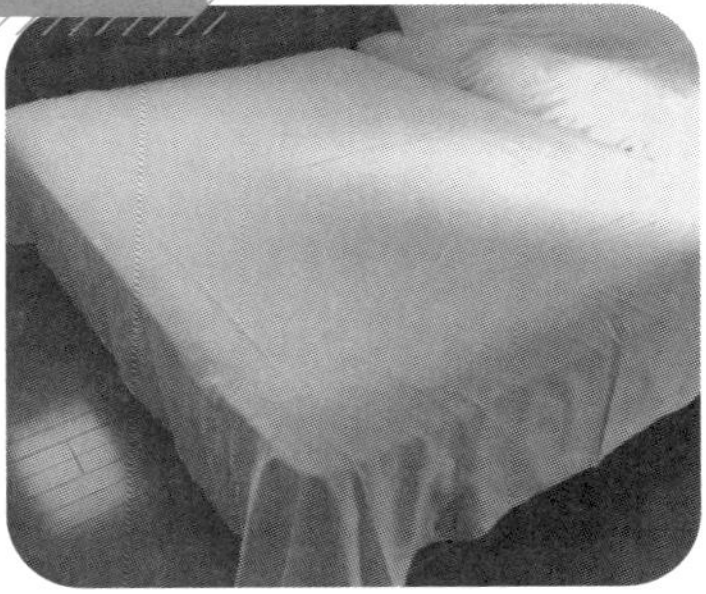

❷ 頭の側で、ベッドマットレス下に折り込むシーツの長さを決める。目安はマットの下端から10cmほど出るぐらいの長さ

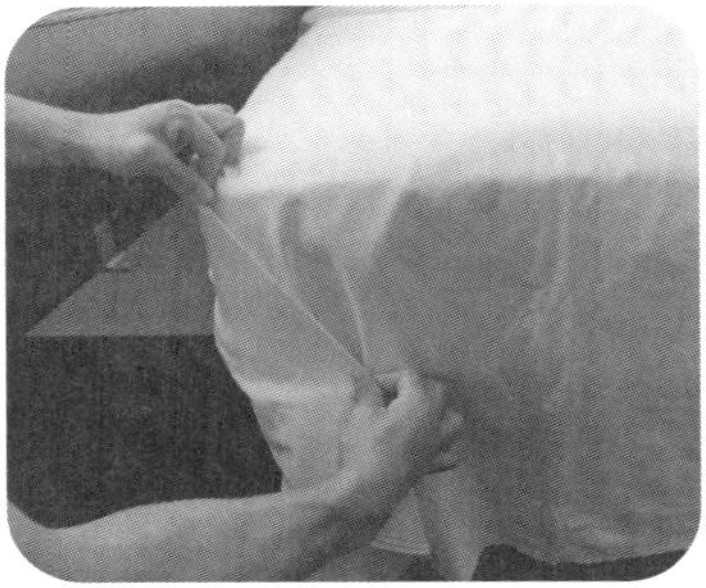

❸ シーツの隅、直角の部分を2つ折りにし、手前に折り畳む

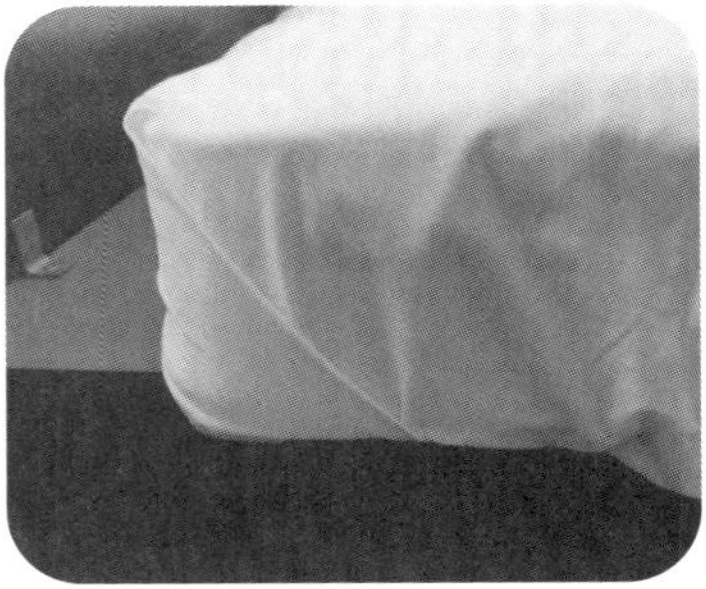

❹ 余ったシーツをきっちりとマットレスの下に敷き込む。横から見た際、三角形ができていればOK

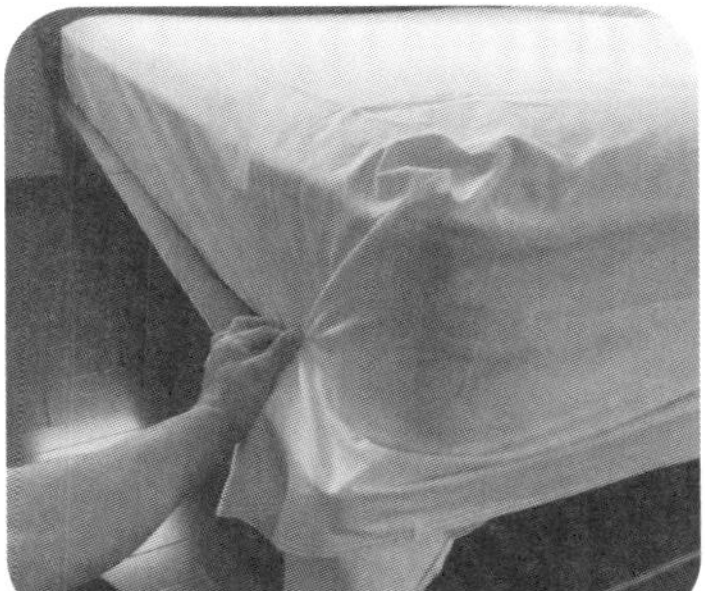

❺ 頭側のもう片方の隅、足もとのシーツも同様に敷き込む

❻ 四隅が折り込めたら完成

自衛隊式 TECHNIQUE FILE 04

自衛隊式 しわひとつない
シーツとカバーのかけ方

シーツとカバーをかける方法です。シーツはこの方法でセットすれば見た目もスッキリとし、また寝乱れがしにくくなります。かけ布団カバーは効率よく素早くかけることができます。

カバー

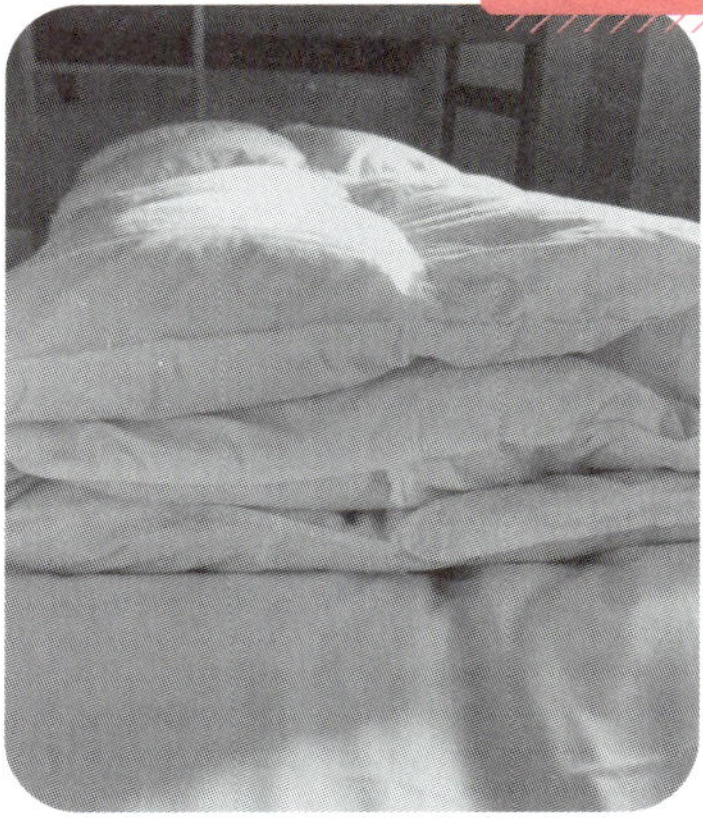

❶ かけ布団を横から見てZ型になるよう3つ折りにする

❷ 3つ折りを保ったまま、カバー（横あきのタイプ）の中に入れ、頭側の右隅、左隅を合わせる。ずれ防止用の紐やボタンなどがついていればとめる

❸ 頭側の右隅、左隅をそれぞれ中の布団ごとつかみ、シーツ全体を一気にふるう

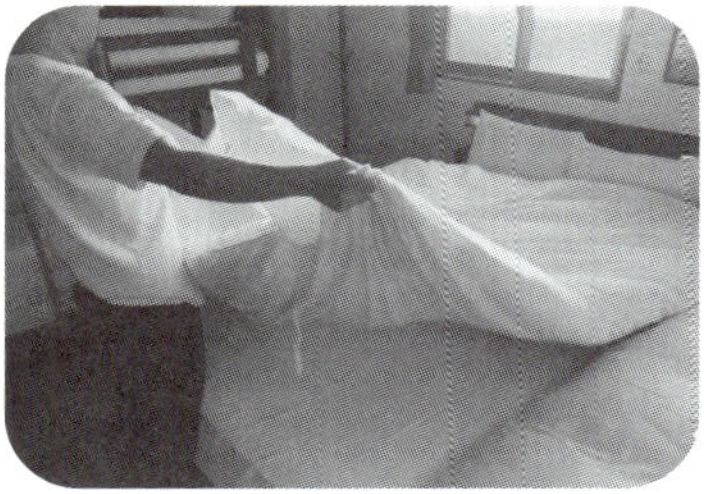

❹ 足もとの右隅、左隅を合わせる。同様に紐、ボタンなどをとめてシーツのファスナーを閉じる

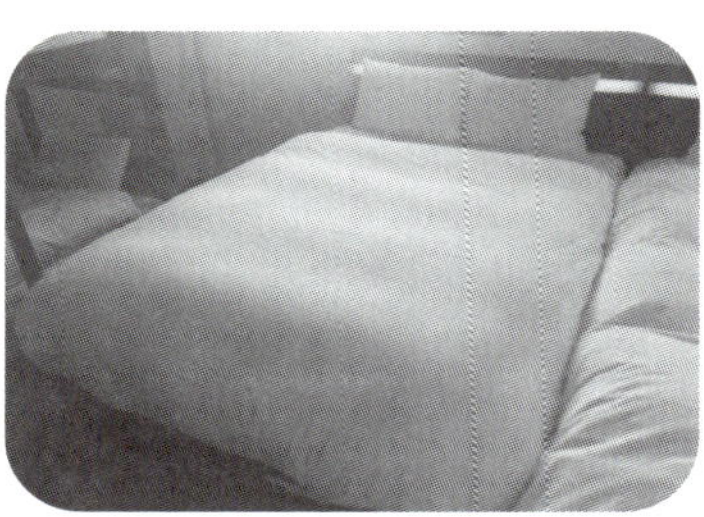

❺ しわを伸ばして完成

STEP2

04 用途や使用頻度によって適切な収納場所を決める

部屋が散らかる大きな原因は、モノを出しっ放しにしてしまうことです。リモコンや筆記用具、ハサミといった使用頻度が高いモノは「またすぐに使うから」などと置いたままにしがち。

また、そもそもしまう場所が決まっていないと、ついテーブル上や床の上などに出しっ放しにしてしまいます。まずはモノの収納場所をそれぞれきちんと決めてあげましょう。

このとき、収納場所を適当に決めると、モノをなくす原因になります。種類ごとに仕分けし、使う場所に近いところに収納しましょう。

また、場所を決めたらあちこち変えないこと。必要なときにいちいち探すことになり、散らかる原因になるからです。

CHECK POINT

- □ 使う頻度や用途によってモノを分類し、ふさわしい収納場所を決める。収納場所が決まったら、使うたびにしまうクセをつける
- □ よく使うモノは、モノを使う場所の近くに収納するのがポイント。頻度が低いものは食器棚の奥やクローゼットなどでもOK

モノの定位置の決め方

モノの定位置は用途と頻度に合わせて決める。使う場所から近い位置に、頻度が高いモノは取り出しやすい場所に置くのが基本。

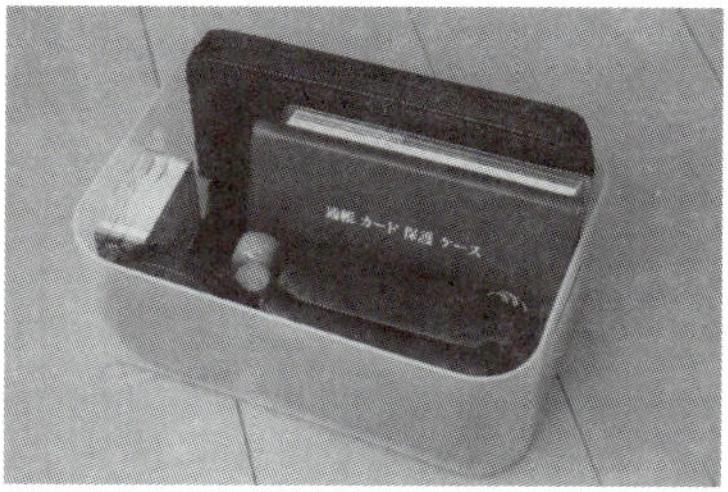

貴　重　品 ▶ 寝室の収納棚などにまとめて置いておく

仕事の資料 ▶ 仕事机の中や、ファイルボックスに分類して収める

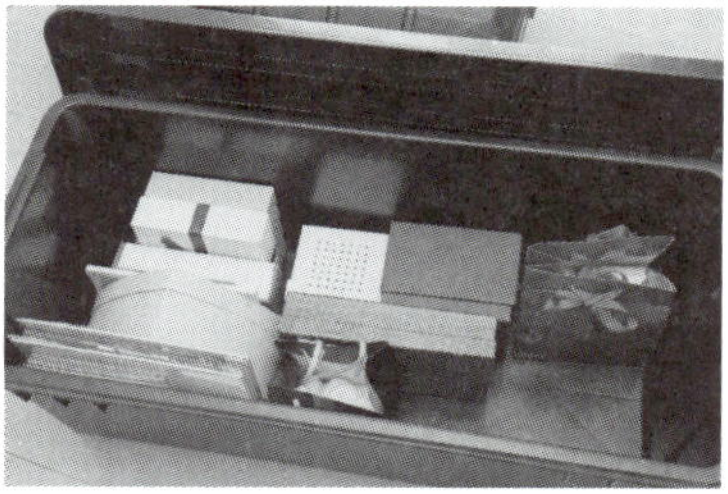

思い出の品 ▶ 箱に収め、クローゼットの棚に

財布や鍵、時計など ▶ 置き場を決めておき、帰宅してすぐにしまう。忘れ物の防止にもなる

自衛隊式 TECHNIQUE FILE 05

収納場所をメモしておく

どこに何を収納したか、すべてを一覧できるメモをつくり、収納スペースのそばに貼っておくとよい。思い出そうとしたり、探したりする時間を省くことができる。

どんなに整理整頓していても、
収納スペースのどこに何が入っているかわからなくなり、
探すまでに時間がかかることも。

↓

一覧メモを作成し、収納スペースのそばに貼っておく。
引き出し一つひとつにタグをつけるより、
1枚のメモにしたほうが手間もかからず、見た目もスッキリ。

STEP2

05 重要書類はファイルで整理する

書類をためないコツは、手元に届いた時点で要・不要を確認すること。まず、同窓会の出欠など返事をすべきモノはすぐに返事を出してしまいます。「予定がわからない」と保留にすると、結局忘れてしまうことに。催促されて慌てて返事をすることになり、自分のスケジュールにも影響してしまいます。忙しいときほど、さっさと判断することが重要です。さらに、重要書類は用途ごとにファイルにまとめておきましょう。

また、書類の中には、捨てていいかどうか、判断に迷うモノも出てくるはずです。「とりあえず入れておく」ファイルもつくっておくとよいでしょう。家族では夫婦用、子ども用などそれぞれ別に保管します。

CHECK POINT

- □ 手元に届いた書類は即座に要・不要の判断をし、種類ごとに整理してファイルに綴じて保管しておく
- □ 返事すべき書類は届いた時点ですぐに出してしまう。忙しいほど、その場で判断することが重要
- □ 期限があるモノはメモしてからファイルし、1年に1回は見直しをして、いらないモノを処分する

書類削減の3つのコツ

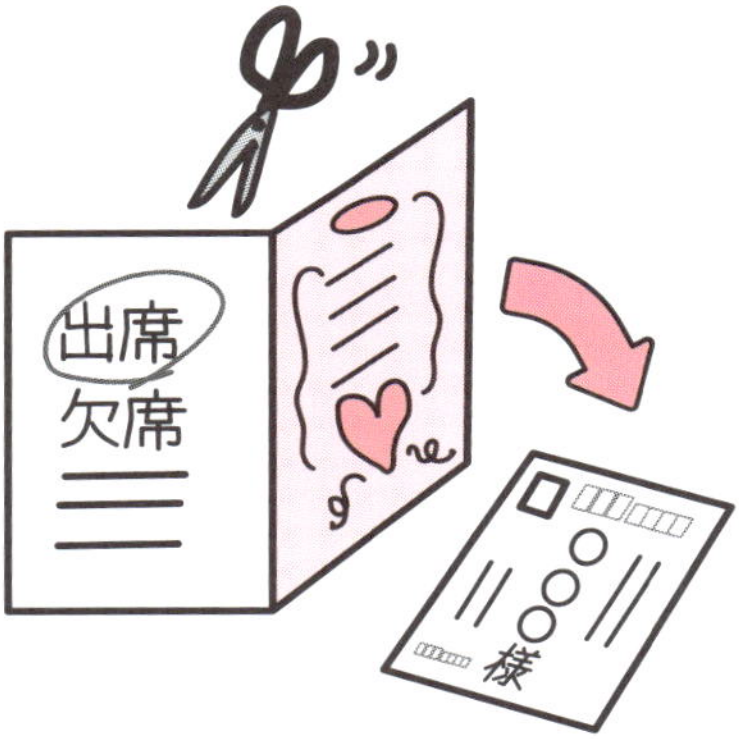

❶ 即決する＝出欠の返信はすぐに出す

❸ 定期的に整理＝保管ファイルを定期的に整理し直し、不要な書類を捨てる

❷ 取扱説明書は不要＝インターネットの情報を活用する

お掃除レンジャーのアドバイス

電気製品などの取扱説明書は、今はインターネットでも調べられるので、とっておかなくてもOK。常に参照するという人の場合は、取扱説明書を「キッチン家電」、「空調関係」などおおまかに分類し、ファイルに保管しておきましょう。

なお、必ずとっておく重要書類には主に①住宅や土地に関しての契約書、ローンの書類、②保険や貯金の証書、③保証書、④領収書（個人事業主など、提出が必要な場合）などがあります。

ファイルをつくって、種類ごとにまとめて保管しましょう。

②の証書は更新時期がきたらその都度入れ替えを。③の保証書は期限が切れたらとっておく必要がなくなるので、保管期限をメモしてからファイルします。

1年に1回は見直しをし、必要がなくなったモノを処分しましょう。

書類の仕分け方と見直し時期

- □ 返事が必要なモノ……すぐに返信
- □ 支払い関係……………取り出しやすい場所に目につくように収納
- □ 重要書類………………用途ごとにファイリングし、年1回は整理する

自衛隊式
TECHNIQUE
FILE 06

スマホを活用して書類を減らす方法

例えば同窓会の案内状など、必要な情報が掲載されている書類はスマホで撮影して記録すれば、書類そのものは処分してOK。

書類の主な分類

❶ 住宅や土地に関しての契約書

❷ ローンの書類

❸ 保険や貯金の証書…更新時期が来たら新しい書類と入れ替える

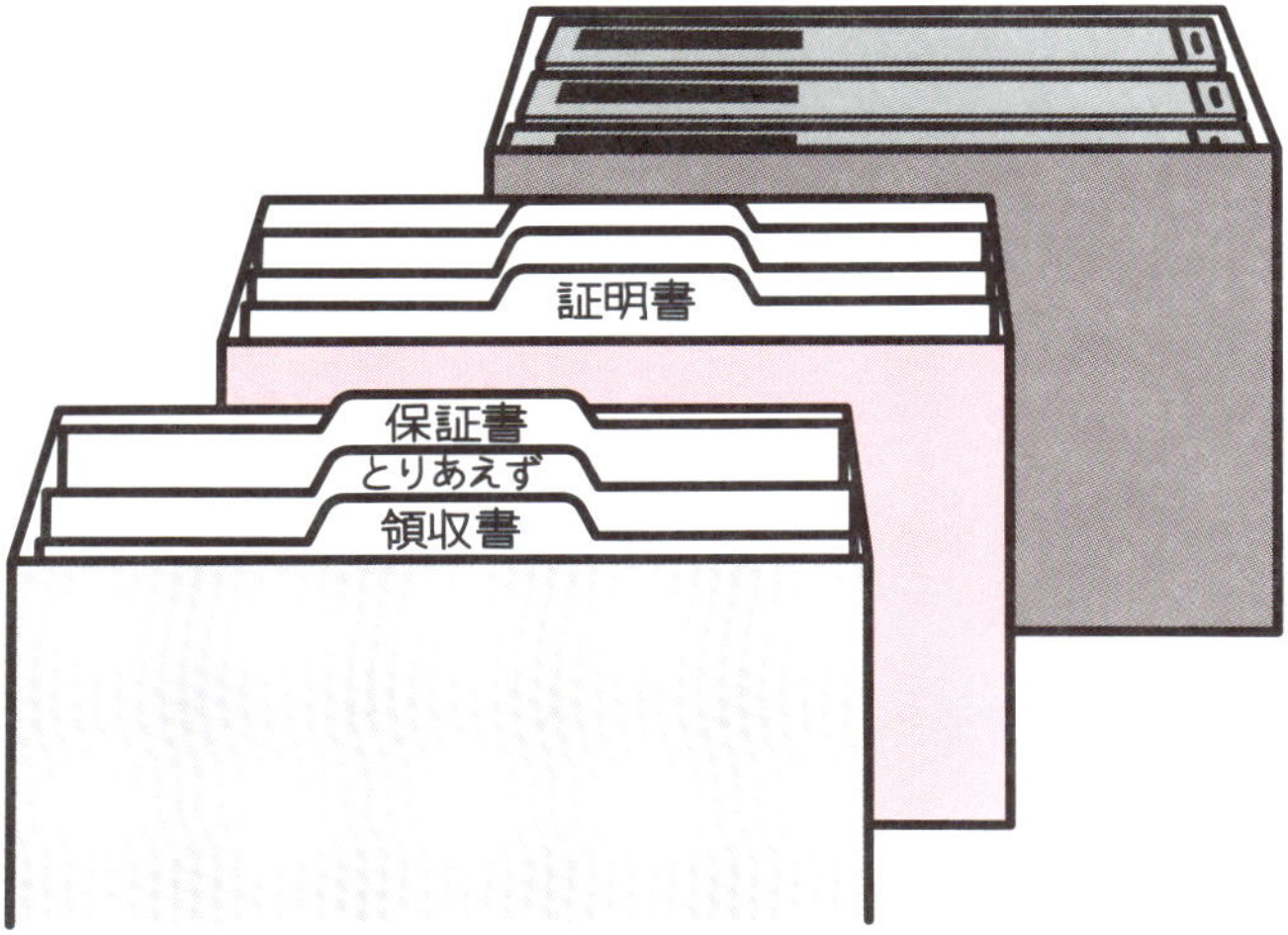

❹ 保証書…保証書に期限をメモしておき、過ぎたら捨てる

❺ 領収書…月別に封筒に小分けしておく

❻ 携帯・インターネットの契約書

❼ 判断に迷うモノ

自衛隊式 TECHNIQUE FILE 07

ファイルを順番通りに並べる方法

書類を収めたファイルは種類ごとに書棚などに整理しておきます。このとき、ファイルの背表紙にテープで斜めに印をつけておきましょう。元に戻す場所が一目でわかり、整理整頓がラクにできます。

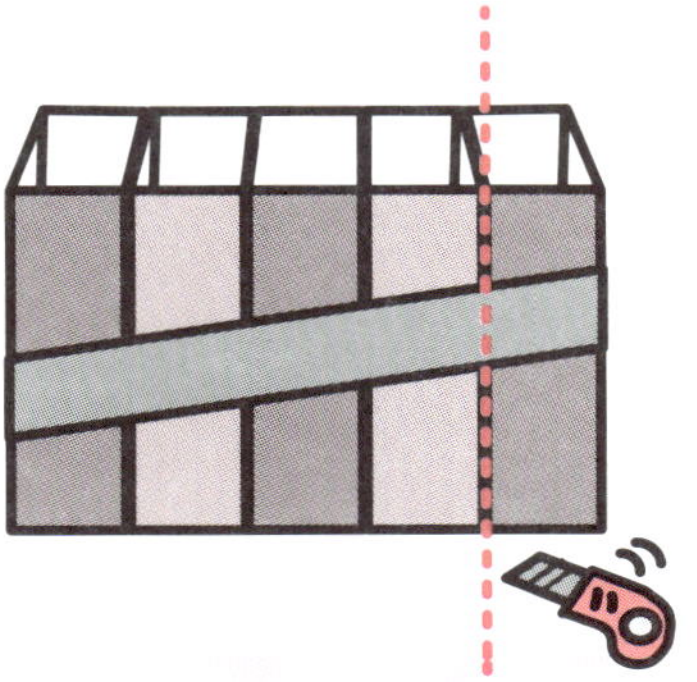

STEP2

06 出すときを考えて収納・整理整頓する

収納をいい加減にしていることも、散らかりやすい部屋の大きな特徴です。

収納場所から必要なモノを出すときに、わざわざ探さなければならなかったり、他の物品を取り出したりしていると、収納場所の中がごちゃごちゃになり、あたりにモノが散乱してしまうのです。

そうならないようにするには、中が見えるような透明の引き出しやボックスを使い、色や形、種類ごとに整理するのがおすすめ。余計な引出しを探す手間が省けます。

また、モノを重ねると奥に何があるかわからなくなってしまうため、浅い収納ボックスやケースを用いて、なるべく重ねないようにして収納します。

CHECK POINT

- □ 収納下手も部屋が散らかる要因になる。しまったモノが一覧でき、取り出しやすい収納法を
- □ 収納ケースは中が見えるよう透明などで、モノが重ならないよう底が浅いタイプを選ぶ
- □ 用途ごとに分類し、色や形を揃えると見た目もよく、取り出しやすい

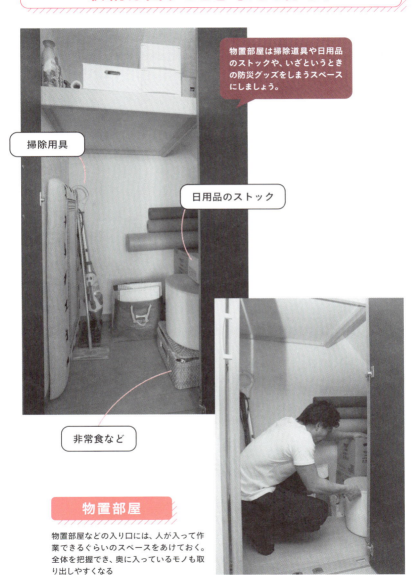

収納は出すことを考えて行なう

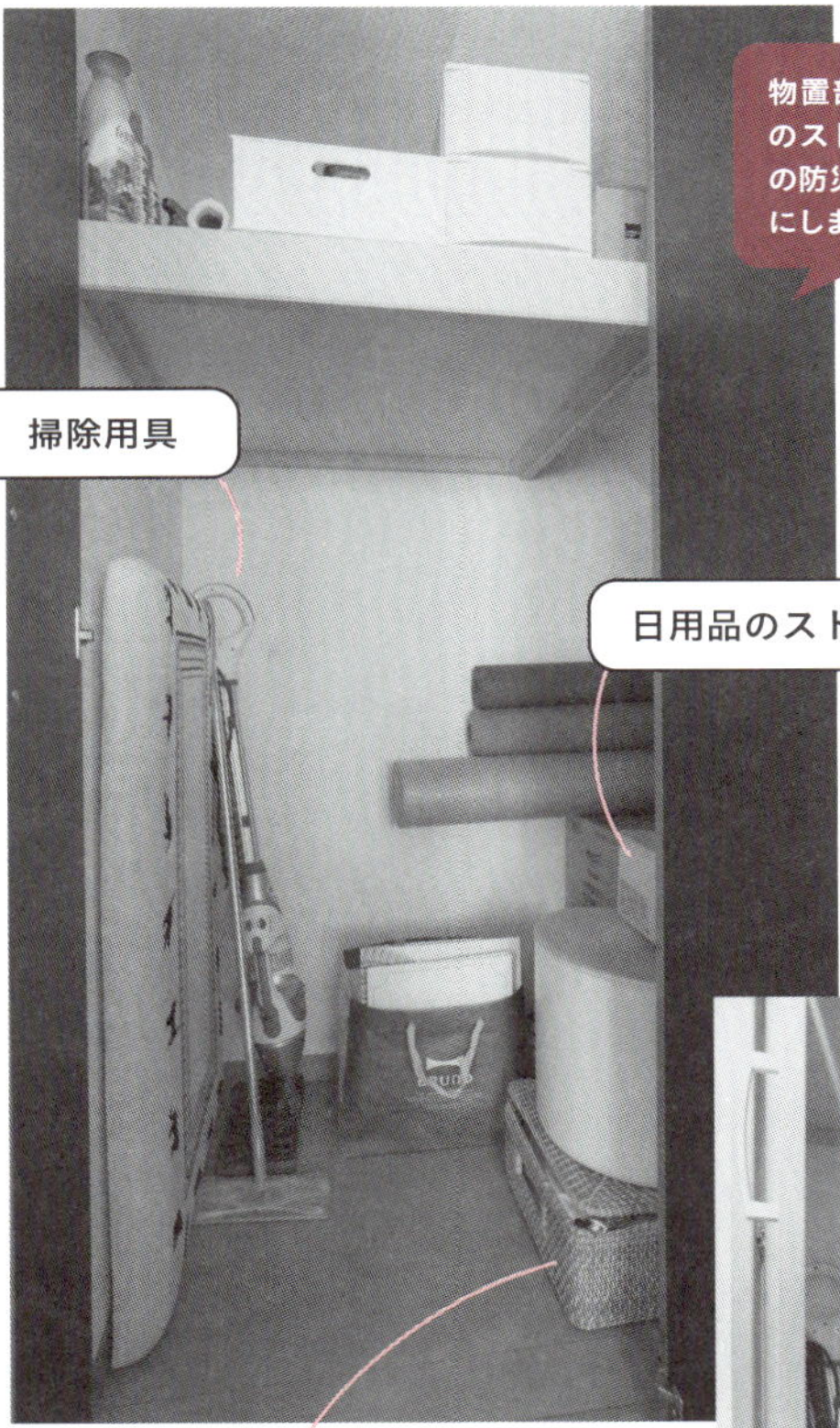
物置部屋は掃除道具や日用品のストックや、いざというときの防災グッズをしまうスペースにしましょう。
掃除用具
日用品のストック
非常食など

物置部屋

物置部屋などの入り口には、人が入って作業できるぐらいのスペースをあけておく。全体を把握でき、奥に入っているモノも取り出しやすくなる

クローゼット

クローゼットの中身を①吊すもの、②畳むもの、③小物、④バッグ　などに分類。まず①の占めるスペースを決め、②〜④をどのようにしまうか検討していく。

① 吊すもの
ハンガーラック

② 畳むもの
引き出し式の
衣装ケース

③ 小物

④ バッグ

バッグは中身を出し、クローゼットの棚に置くか、S字フックなどを利用して吊して収納を。

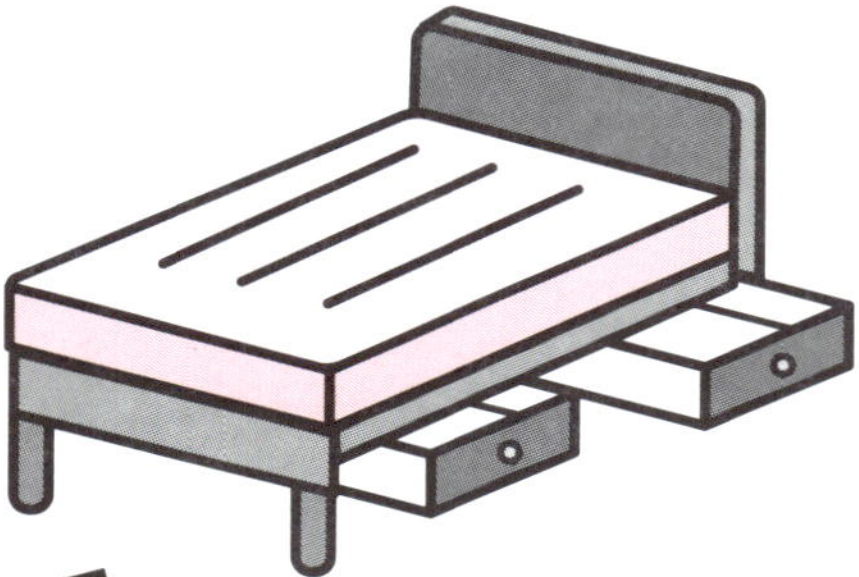

ベッド下

ベッド下は個人スペースとして活用できる有効な収納スペース。引き出し式のケースを置けば、シーズン中使わない衣類などの一時保管場所としても活用できる。
ただし湿気や熱がこもりやすいので、乾燥剤や防虫剤の対策も必要。

お掃除レンジャーのアドバイス

自衛隊では二段ベッドなので、実質的にはベッド下の2分の1が自分のスペース。そこにちょうど収まるサイズのケースに私物をすべて収めておき、現場に出るときはケースごと持ち運びます。そのため中が見えないよう、ケースの色は黒。しかし家庭用なら、半透明のケースを使うのが実用的です。

自衛隊式 TECHNIQUE FILE 08

洋服はブロックで管理

**ブロックごとに仕分けておくと探しやすく機能的。
1枚ずつ出し入れするとせっかく整頓しても乱れてしまうので、
ブロックで取り出し、また戻すようにします。**

畳み方

洋服は引き出しの高さや幅に応じたサイズに畳む

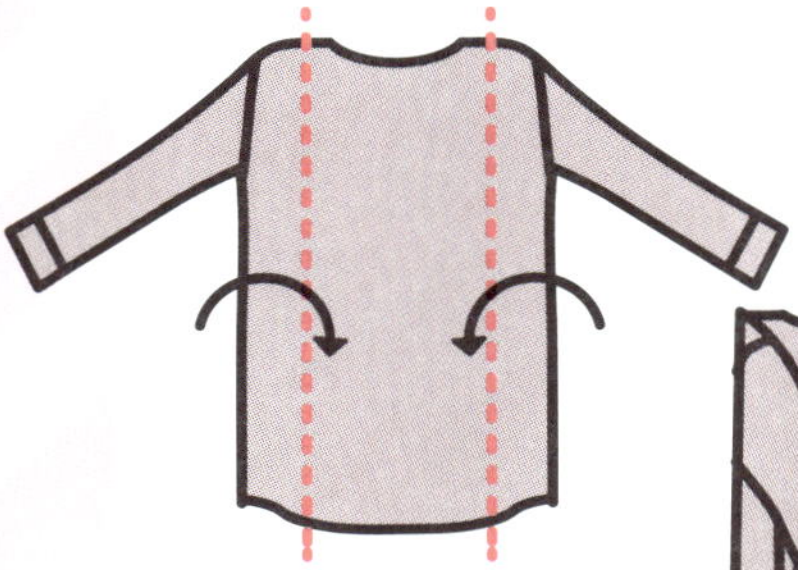

① 引き出しの幅に合わせて袖を後ろに折る

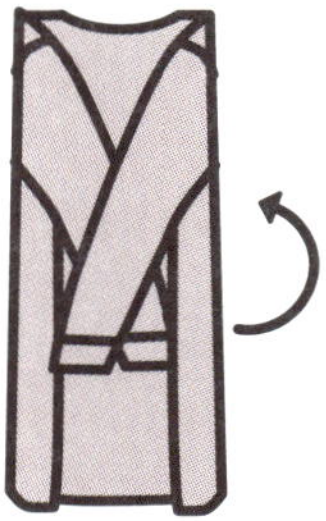

② 前身頃を後ろに折る

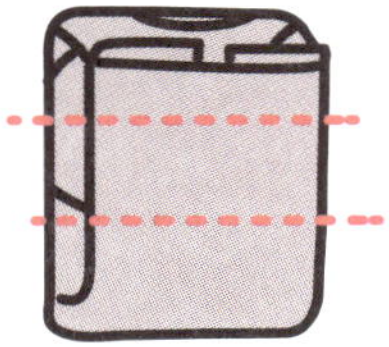

③ 引き出しの高さに合わせて2等分から3等分にする

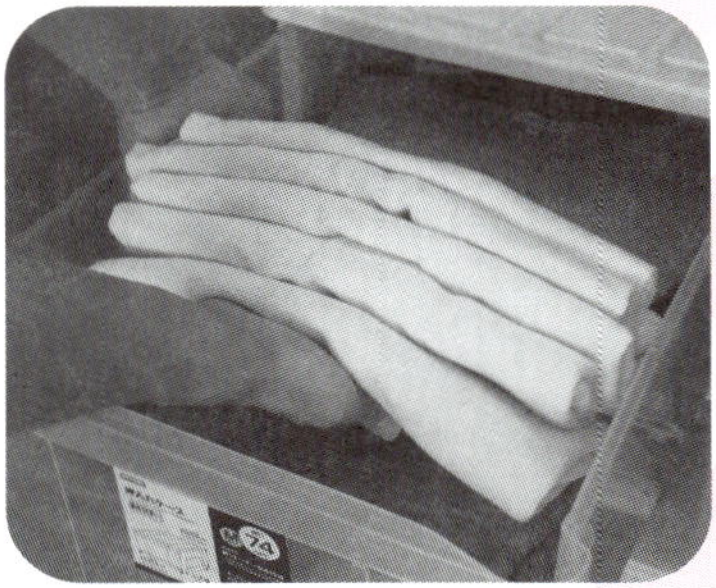

取り出すときや、洗濯し終わったものを戻す際はブロックごと出し入れする。

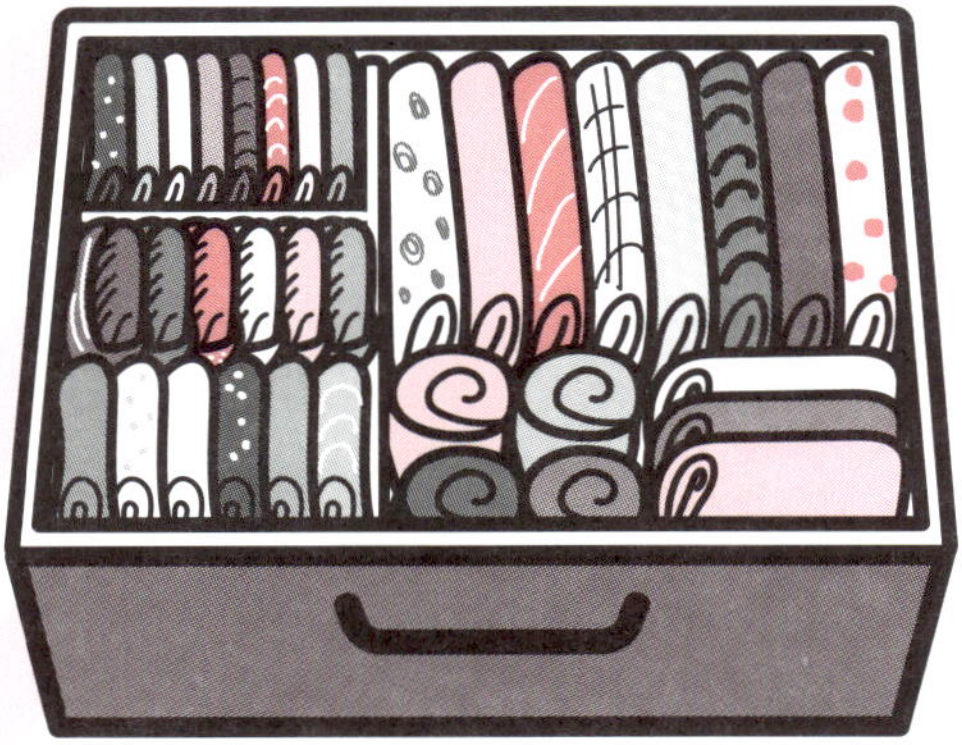

仕分け方

ブロックで管理

下着、靴下、タオルなど種類ごとにブロックで区分けしておくと探しやすい。収納にゆとりがあるなら引き出しごとに分けると、なおよい。

STEP2

07

収納グッズは計画的に購入する

収納グッズは収納場所のサイズに応じて選びます。事前に収納場所の奥行き・高さ・幅などのサイズを測っておき、収納グッズのサイズも同様に確認してから購入しましょう。

また、あとで買い足す場合のことも考えて、色やテイストを揃えられるブランドを購入しておくのがポイント。間違っても、「特売だから」などと、即買いしないように気をつけましょう。

収納グッズにバラつきがあると、片づいていても落ち着かない印象になります

CHECK POINT

□ 収納場所や、中に入れるモノのサイズに見合う収納グッズを選ぶことが大切

□ ハンガー、収納ボックス・ケースなどの収納グッズは色やテイストを揃えることで統一感が出る

収納グッズの選び方

収納グッズは、以下の5つのポイントを押さえて選ぶことが大切。

POINT 1 しまうモノの量に見合ったサイズである（大きいサイズを選ぶと、モノが増える原因になる）

POINT 2 収納スペースに合うサイズである

POINT 3 モノを重ねて入れる必要がないよう、高さもちょうどよいものを

POINT 4 見た目の統一感をもたせるため種類を揃えて購入する

POINT 5 透明や半透明など、中が見えるケースやボックスがよい

自衛隊式 TECHNIQUE FILE 09

ハンガーの間隔はすべて指2本分に保つ

ハンガーの間隔をあければ収まる量が自ずと決まるため、
服がむやみに増えることがなくなります。
自分の持っている服が一目でわかってサッと取り出すことができ、
元に戻しやすいという利点もあります。

① 色別に等間隔で並べる

② 指2本分の間隔

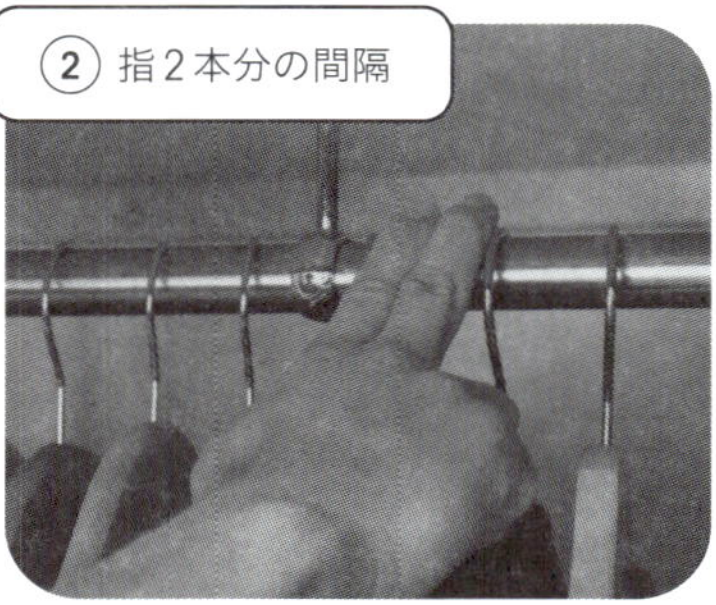

ハンガーとハンガーの間隔はすべて指2本分。こうしておけば、
どの服が抜けているか一目瞭然になり、片づけが簡単になる

③ 取り出した服の場所が一目瞭然

STEP 3

匍《ほ》匐《ふく》前進!?自衛隊式

チリひとつない清掃術

モノがなくなってスッキリした部屋を、ピカピカに磨き上げます。
まずはたまった汚れをリセットし、
あとは日々のルーティンでキレイを維持しましょう。

STEP3

01 隅々まで磨き上げ、部屋の状態をリセットする

掃除を怠り汚れが蓄積した部屋は、いったん隅々まで磨き上げ、新品同様の状態にリセットする必要があります。ただし、ためこんだ汚れを落とすには、相当なエネルギーが必要になるので、週末などに「この日にやる！」と決めて一気にやってしまいましょう。

なお、すべての部屋を一気にきれいにするのが大変なら、どこか一カ所を選んで徹底的にピカピカにするのもおすすめです。一部だけキレイになると、まわりの汚れが目立ってくるので、ついでに掃除をしたくなるのです。

また、思い切って高価で品質のよい小物や家具を購入するのもよいかもしれません。同じ原理で、その周囲をピカピカにしたくなるからです。

CHECK POINT

- □ キレイな部屋はキレイを維持するのも簡単。汚れを放置してきた部屋では、まずはその状態にリセットする必要がある
- □ ためこまれた汚れの分、相当のエネルギーが必要。いかにモチベーションを奮い起こすかが重要

モチベーションUPするコツ

週末など時間があるときに、勢いをつけて一気に掃除する

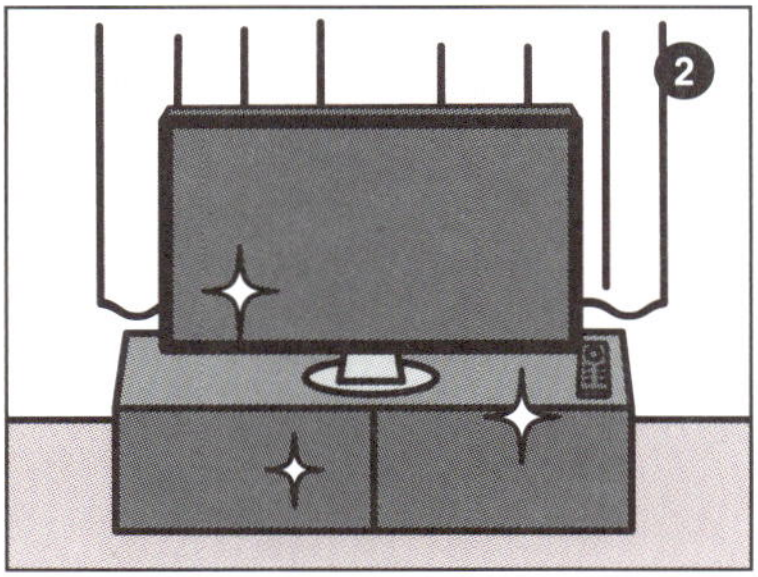

リビングだけ、もしくはテレビまわりだけなど、一箇所を選んで徹底的にキレイにする

ご褒美として高品質な小物や家具を購入する

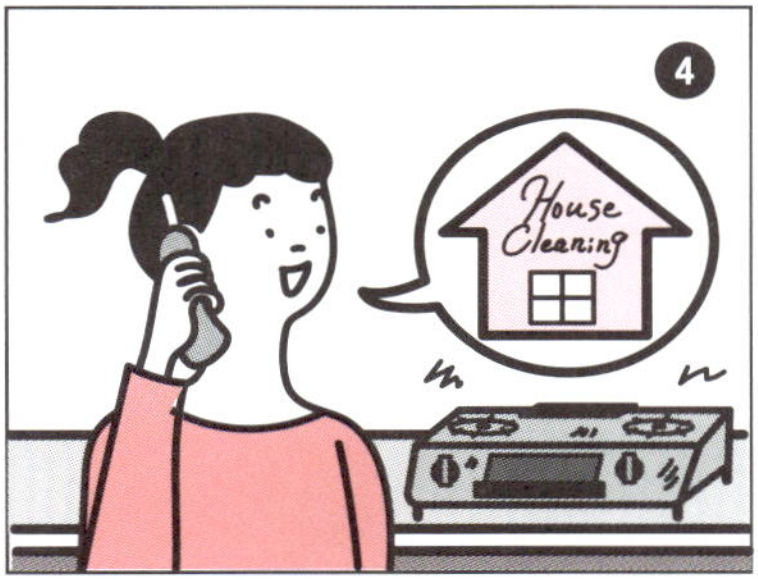

汚れが蓄積して大変な場合は、業者に依頼するのもひとつの手段

お掃除レンジャーのアドバイス

とくにキレイ好きではなかった自分ですが、自衛隊での訓練に加えて、かなり高価な腕時計を購入したことが、掃除に目覚めるきっかけになりました。ピカピカのモノを、汚いところに置きたくない、ふさわしい場所を用意したい、と考えたのです。そうやって一つひとつ品質のよいモノを増やし、同時に部屋のクリーン度もアップさせていきました。キレイなモノには、まわりをキレイにする力があるのです。

STEP3

02 掃除は運動。動きやすい服装で

掃除では少しの汚れも見逃さないために、腰をかがめたり、ときには這いつくばったりといった大胆な動作が必要になります。手足が曲げ伸ばししやすく、汚れてもよい服を身に着けましょう。

さらに、おすすめしたいのは帽子です。せっかくきれいにしても、髪の毛が落ちていると、まさに画竜点睛《がりょうてんせい》を欠くマイナス点となります。掃除中に髪の毛が落ちないよう、あらかじめ頭を覆っておきましょう。

長髪の方の場合、長い髪は垂れ下がってくると邪魔になるので、ゴムなどでまとめておきます。加えてバンダナなどで覆うとよいでしょう。

髪の毛が落ちるのを防げるほか、ホコリよけにもなります。

CHECK POINT

- □ 掃除は手足の曲げ伸ばしがしやすく、さらに汚れてもよい服装で行なう
- □ 抜けた毛が落ちるのを防ぐため、帽子や布で髪を覆っておく

掃除をするときの服装

キャップをかぶり、髪の毛が落ちないようにする。ジャージやスウェットなど、手足の曲げ伸ばしがしやすく、汚れてもよい格好で。

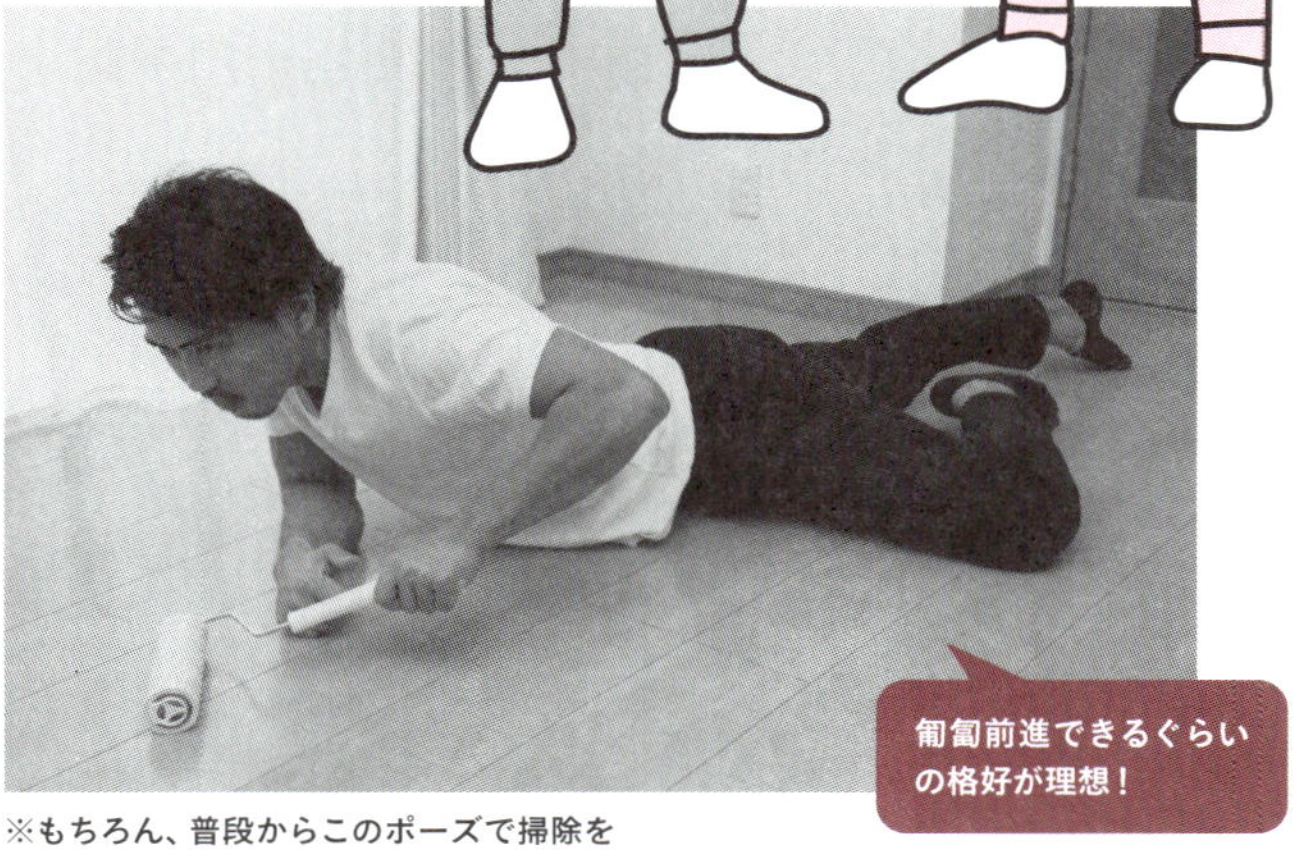

※もちろん、普段からこのポーズで掃除をしているわけではありません。

STEP3

03 頑固な汚れを落とすテクニック

まず、掃除に使うアイテムを揃えましょう。トイレ用、キッチンの油汚れ用、バスルーム用など、専用洗剤はそれぞれの汚れを落とす薬剤が配合されています。用途に合う洗剤を使用しましょう。

こびりついた汚れは手で落とそうとせず、洗剤をかけてしばらく時間を置き、ヘラなどの硬いものでこそぎ落とします。また、熱い湯を使うと落ちやすくなります。

家の中の目の行き届かない部分が長年放置されると、なかなか落ちない汚れに変化してしまいます。

例えばホコリは、油分や水分と結合してドロドロ汚れに、キッチンやお風呂場の水滴は皮脂などが混じって水垢やカビの温床になっています。まずはそういったガンコな汚れを落としましょう。

CHECK POINT

- □ 掃除する場所に合った専用洗剤を使うこと。こびりついた汚れは洗剤でやわらかくした後、ヘラなどでこそぎ落とす
- □ 取り外せるものはお風呂場の浴槽に入れ、水をじゃぶじゃぶかけながら大胆に洗う。熱い湯で洗うと汚れが落ちやすい

リセット掃除に活躍する掃除用品

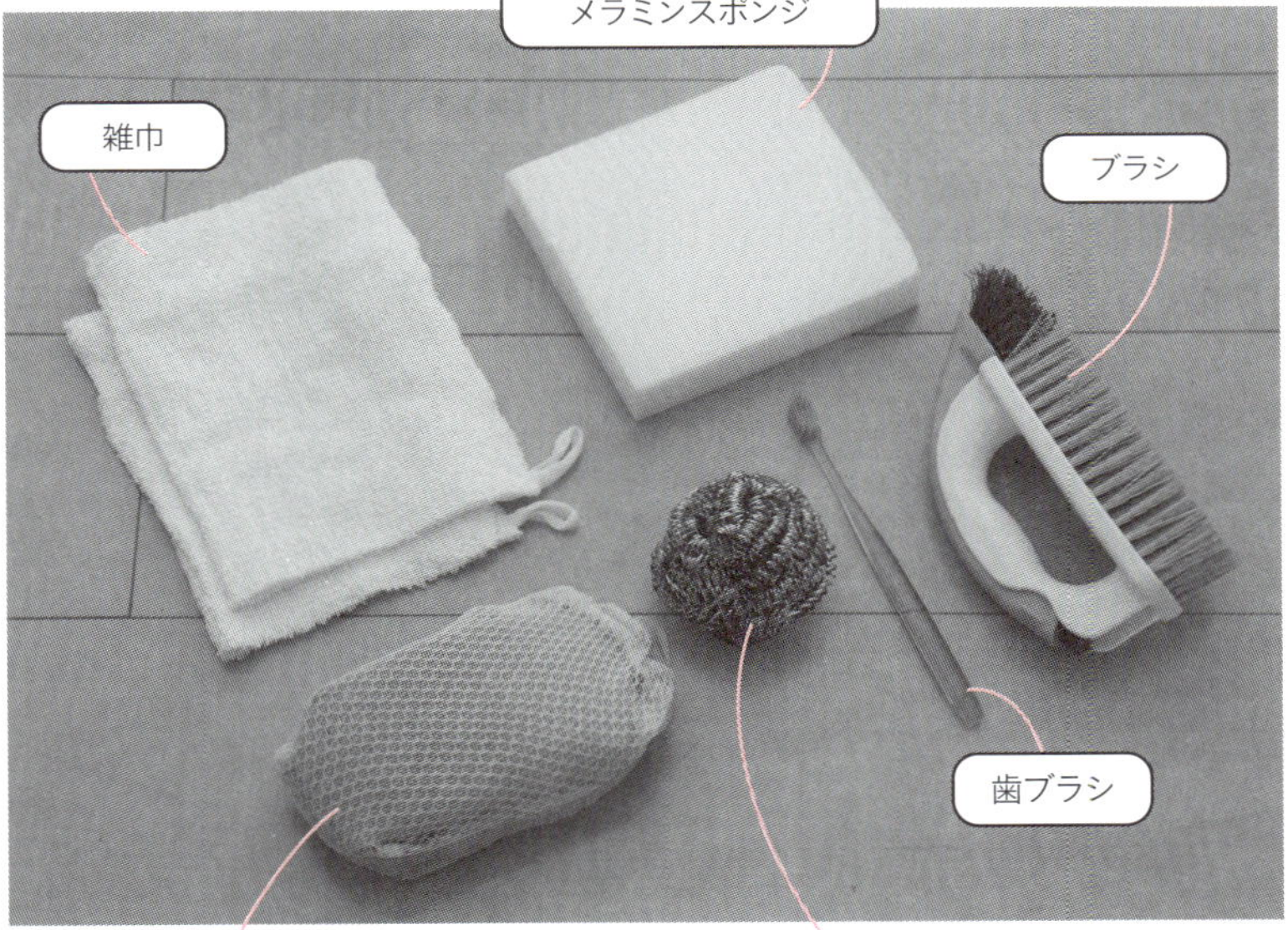
メラミンスポンジ
雑巾
ブラシ
歯ブラシ
スポンジ
金だわし(サビ取り用)

洗剤
キッチン、トイレ、バスルームなどそれぞれの用途に合う専用洗剤や、カビ取り剤、排水口用洗剤などの特殊洗剤
細いヘラ
セスキ
重曹
クエン酸

場所別・リセット掃除の方法

キッチン

シロッコファン

プロペラファン

❶ 取り外せるパーツはすべて取り外す。
油汚れ用の洗剤をかけてから古い新聞紙やいらない布などで油を落とす。

❷ 取り外せない部分にも専用洗剤をかけて置いておく。

❸ ポリ袋をシンクに敷いて❶のパーツを入れ、熱い湯をかけながら、油汚れ用の専用洗剤とスポンジで洗う。水洗いをして乾拭きし、乾かしておく。

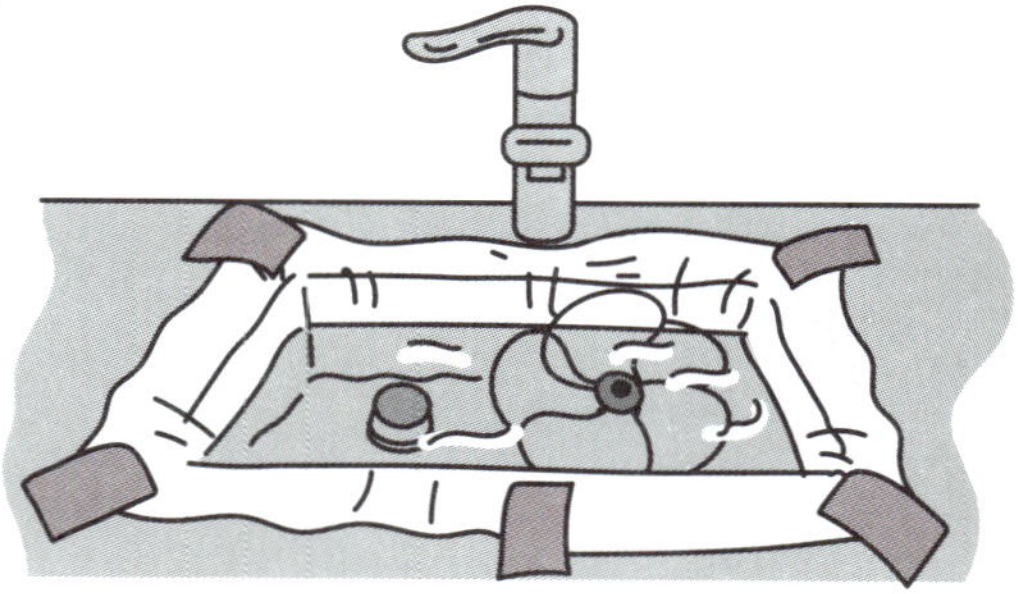

❹ ❷の汚れを古い新聞紙やいらない布などで落とす。

❺ 専用洗剤とスポンジでもう一度汚れを浮き立たせる。

❻ ぬれ雑巾で洗剤を落とし、最後に乾拭きをする。

カウンター＆レンジテーブル

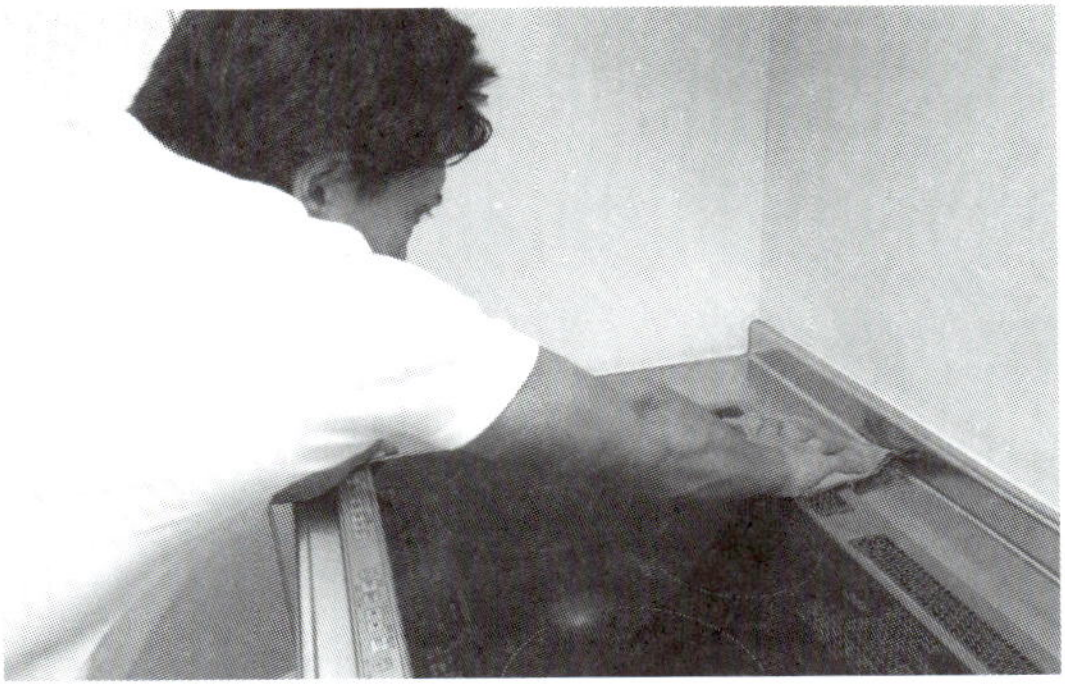

❶

スポンジにキッチン用の中性洗剤をつけ、ガスレンジテーブルを洗い、ぬれ雑巾で拭いて洗剤を落とす。

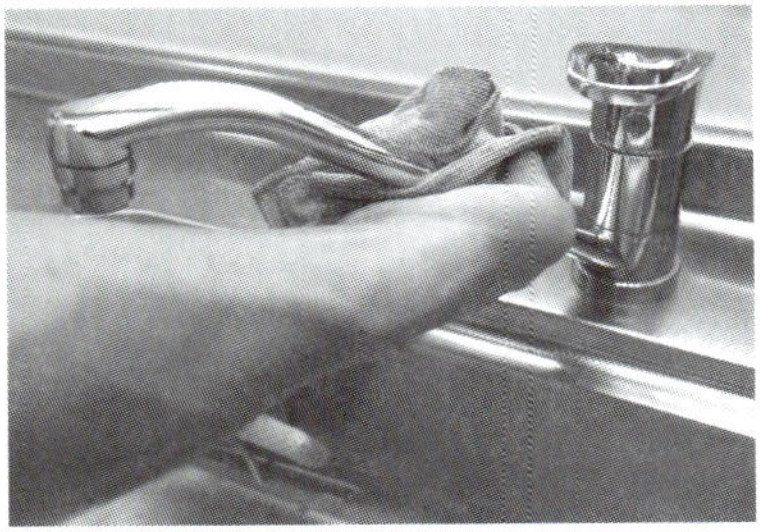

❷

使うたびに壁も拭く。こうすればしつこい油汚れがつきにくい。

❸

蛇口を磨いておくとキッチン全体が美しく見える。

水垢などのしみついた汚れ対策は？

メラミンスポンジにクリームクレンザーをつけて磨く

※メラミンスポンジを使うと劣化する場合もあります。材質を確認してから行なってください。

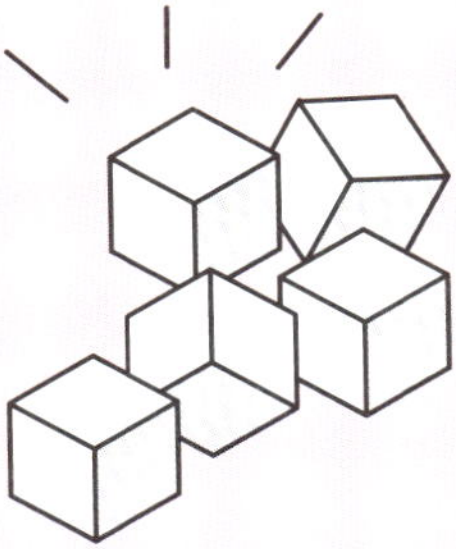

冷蔵庫

❶ 中身をすべて出し、取り外せるパーツは外してシンクに水を溜めた中に入れ、キッチン用の中性洗剤とスポンジで洗う。

❷ こびりつき汚れは熱いお湯で溶かす。水洗いをして乾拭きし、乾かしておく。

❸ 冷蔵庫本体にこびりついた汚れを落とす。雑巾を熱い湯にひたし、汚れの部分にあてておく。

❹ その間にほかの部分をかたく絞った雑巾で拭く。

❺ 汚れがふやけて落ちやすくなったらかたく絞った雑巾で拭き取る。

電子レンジ

❶ 雑巾を軽くしぼって電子レンジに入れ、3分ほど加熱する。

❷ 電子レンジ内部が少し冷めたら中の皿などを取り外し、内部を雑巾で拭き取る。懐中電灯で照らすと汚れが一目瞭然。

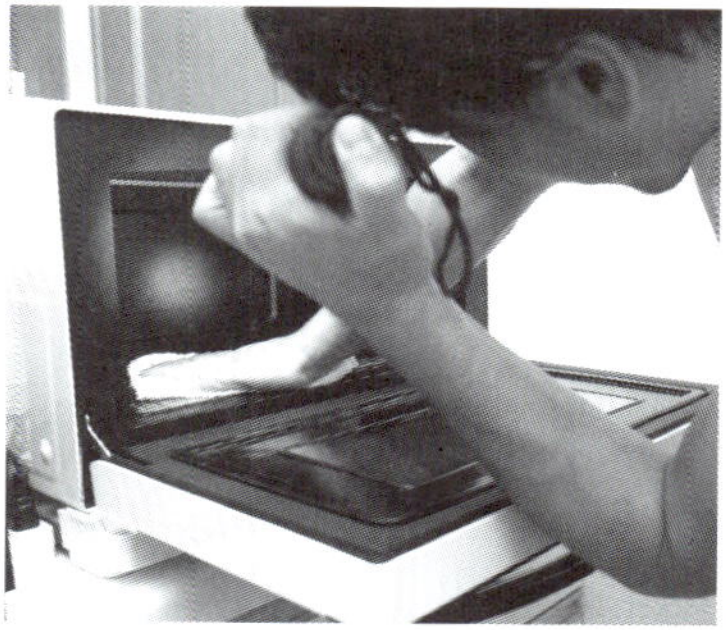

❸ こびりついた汚れには金だわしを使う。金だわしをぬらし、表面が傷つかない程度に軽くこする。

❹ 仕上げに水拭きをする。レンジの外側も忘れずに。

OSOUJI COLUMN

自衛隊の訓練所時代、こだわる隊員は額にライトを装着して掃除を行なっていました。

電子レンジ掃除は懐中電灯片手に

電子レンジの内部は照明が行き届かず、汚れを見落としやすい箇所。懐中電灯で手元を照らし、隅々まで拭き上げましょう。電子レンジに限らず、家具の下など、暗い場所の掃除は懐中電灯を片手に行なうのがおすすめです。

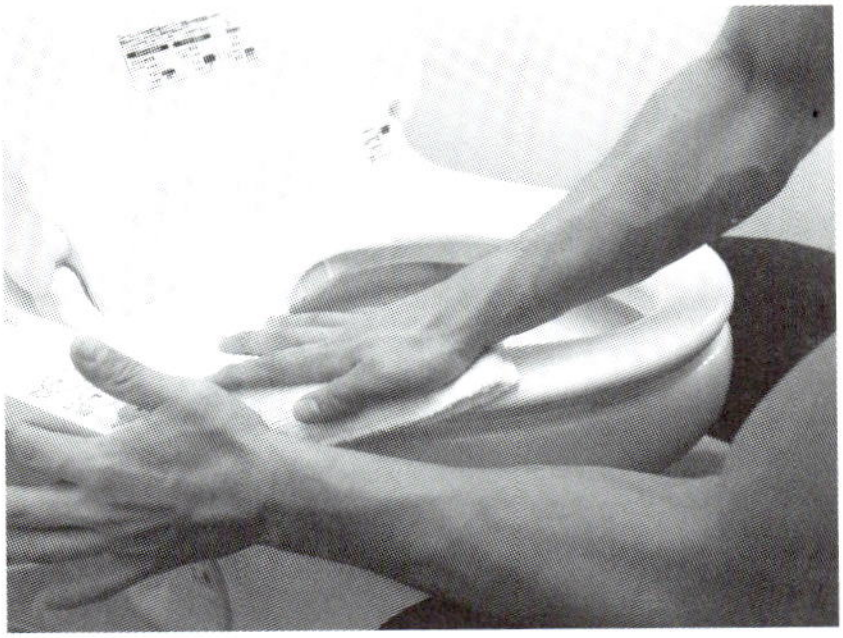

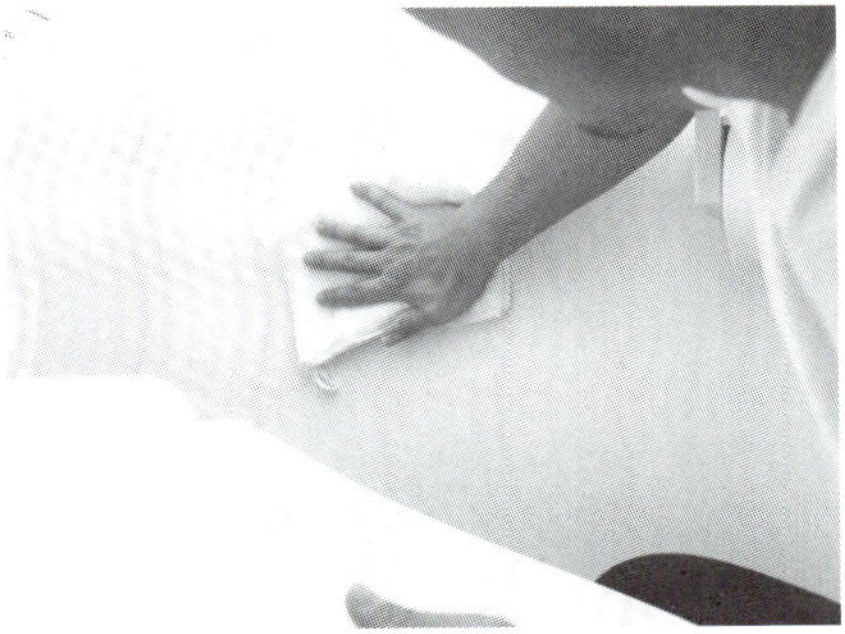

トイレ

便器

1. 便器のこびりつき汚れに洗剤を回しかけておく。
2. その間に周囲をトイレ用の使い捨てウェットシート（またはぬれ雑巾）で拭く。便器の上蓋から始まり、蓋の裏側、便座、足もとなど、上から下へ向かって拭いていく。
3. トイレの壁、床もウェットシートで拭く。
4. 便器のこびりつき汚れをヘラで落とす。便器に傷がつかない程度に軽くあてること。
5. 洗剤をもう一度回しかけ、便器用のブラシで内部全体をこすってから水を流す。

注 必ず手袋を着用すること！（撮影時は清潔なトイレを使用しています）

OSOUJI COLUMN

洗浄機ノズル

ふだんは収納されているので見落としがちな洗浄機ノズル。一番汚れるところでもあるので、引き出してよく洗いましょう。

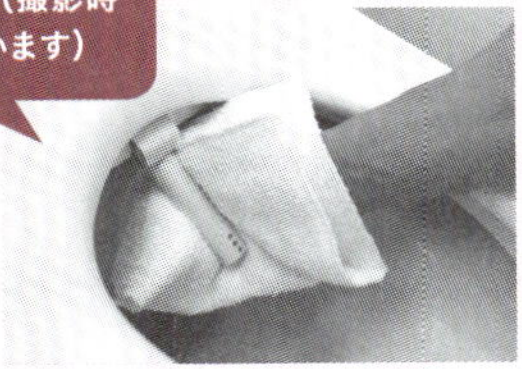

自衛隊式 TECHNIQUE FILE 10

こびりついた汚れをヘラでこそげ落とす

汚れの部分に洗剤をかけて30分放置する。ヘラをあてる。軽く力を入れてこすり落とす。表面を傷つけないように注意。

バスルーム

バスタブ&床

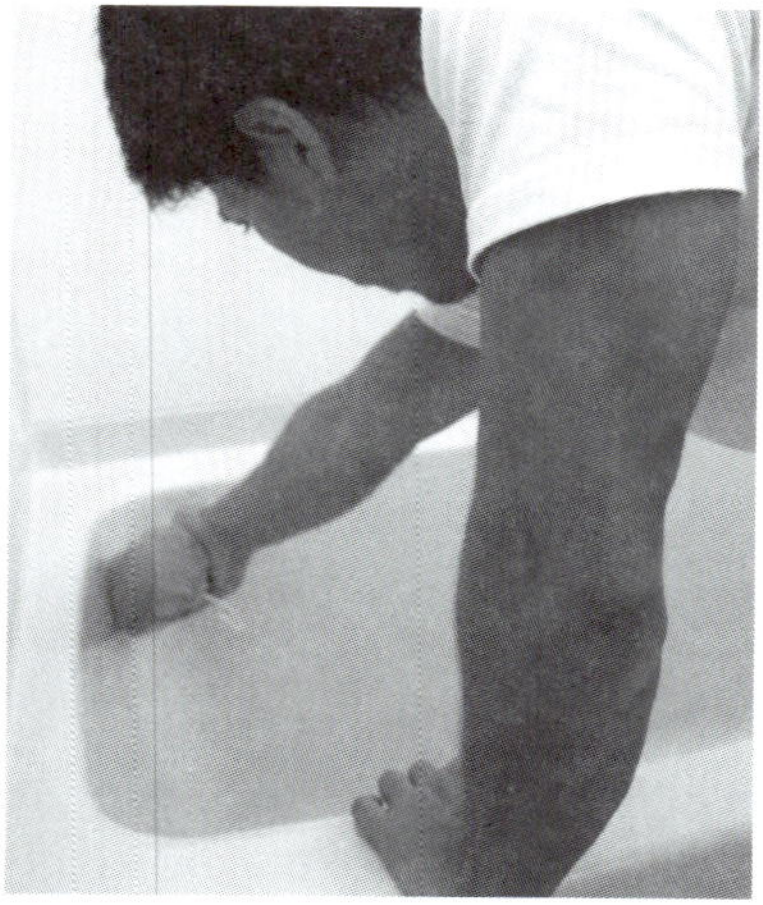

❶ バスタブを洗剤をつけたスポンジで一気に洗う。

❷ 床は隅々まで硬めのブラシでこする。

❸ 鏡やカランは水垢がつきやすい。掃除のたびにきちんと磨く。

❹ 浴槽全体を乾拭きする。

排水口

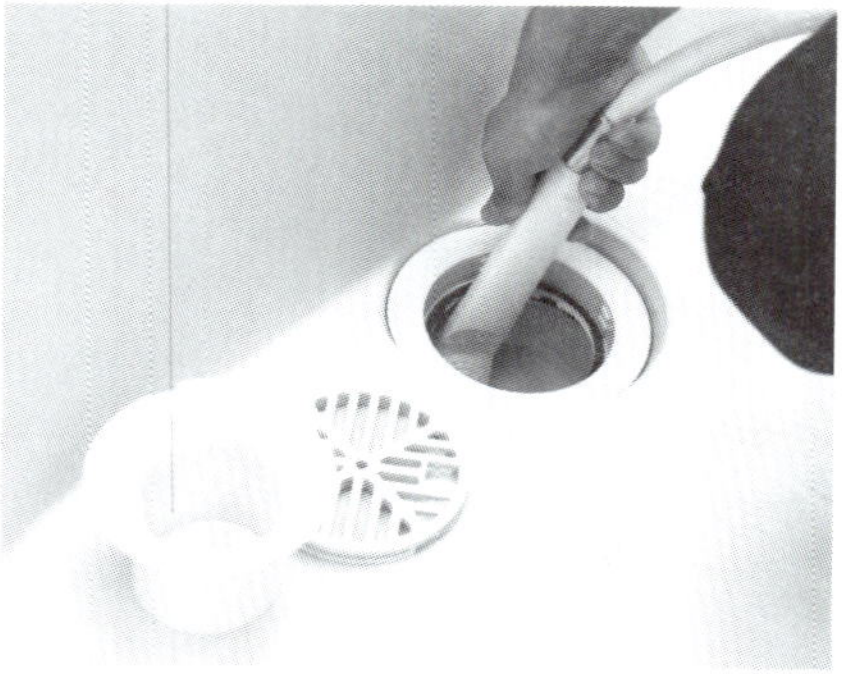

❶ 排水口のパーツを取り外し、洗剤をかけておく。

❷ シャワーから水を出し、排水口に差し込む。これによって中の水が入れ替わり、排水口の臭いが消える。

❸ 排水口のパーツをスポンジや歯ブラシで洗う。

❹ 元通りにセットする。

カビ対策

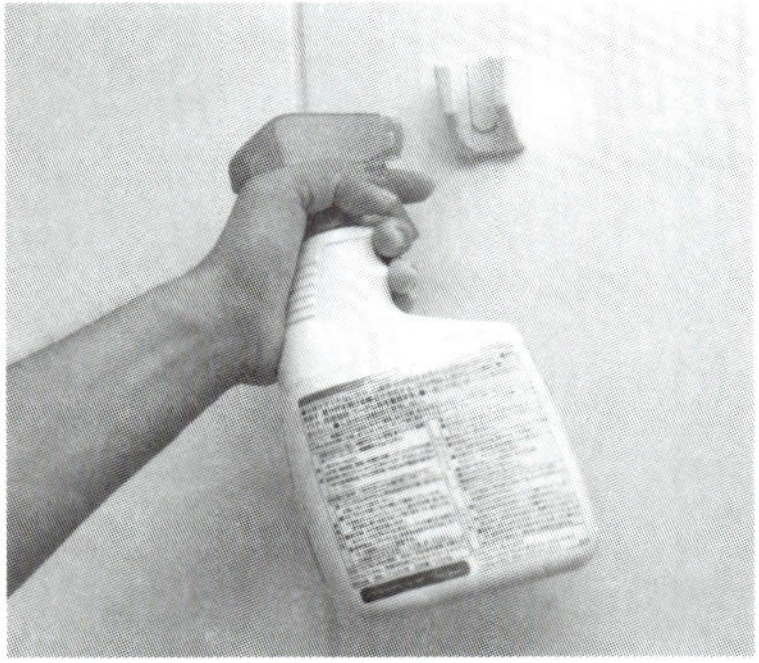

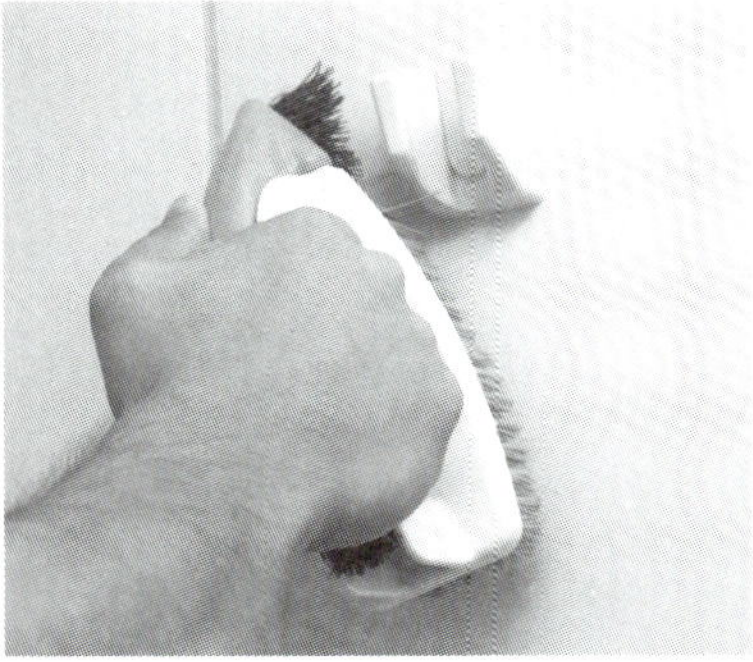

❶
カビの生えた部分にカビ取り用の洗剤をかけておく。

❷
ブラシを使い、細かい部分のカビもこすり落とす。

❸
水ですすぎ、乾拭きをする。

※カビ取り剤使用の際はよく換気を。ほかの洗剤と混ぜないようにすること

サビ対策

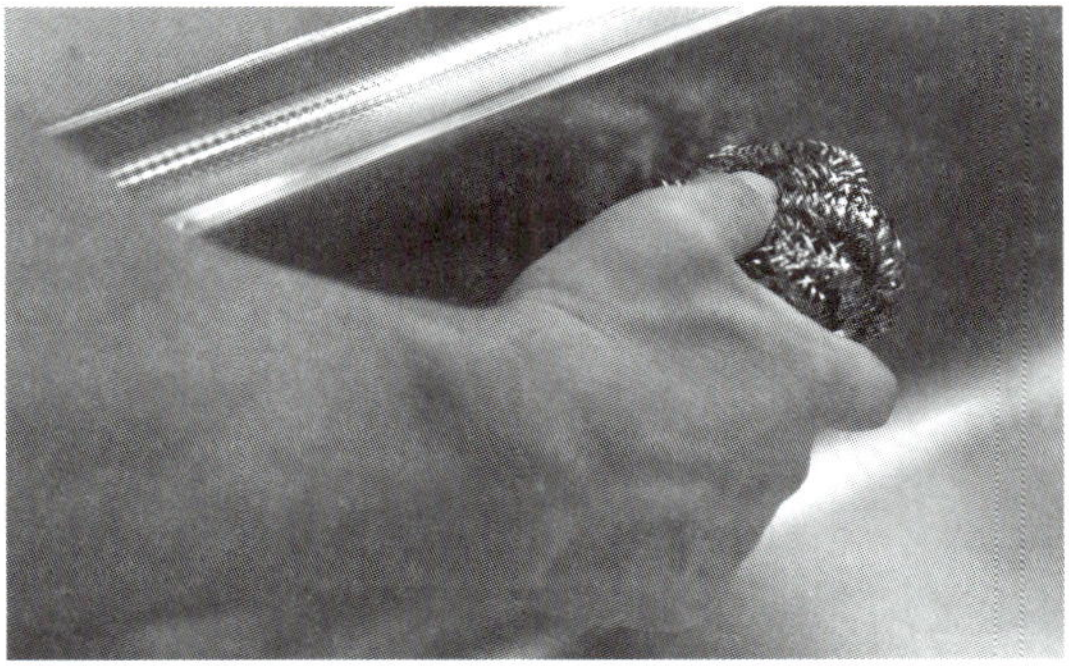

❶
金だわしを水でぬらし、サビをこすり取る。

❷
水で流し、乾拭きをする。

洗面台

① 洗面台の上にあるモノをすべてどかす。
② 鏡をスポンジで水洗いする。
③ スポンジにバスルーム用の洗剤をつけ、洗面台、ボウル、カランを洗う。ボウルの内側は手で触りながら洗い、汚れを見落とさないようにする。
④ 全体をぬれ雑巾で拭く。洗面台下収納の扉やフチなども忘れずに。
⑤ カランや鏡は水滴の跡が残らないよう、必要ならタオルを替えながら乾拭きする。

リビング

サッシ

水で洗い流す
室内に水が入らないよう
ベニア板などをあてる

❶ サッシのレールの部分のゴミや汚れはホースの強い水圧で洗い流す。

スクィージーの使い方
窓ガラスはスクィージーを使うと便利。ホースや雑巾などで窓をぬらしたら、ゴム部分を窓にしっかりあてて上から下に真っすぐ下ろす。

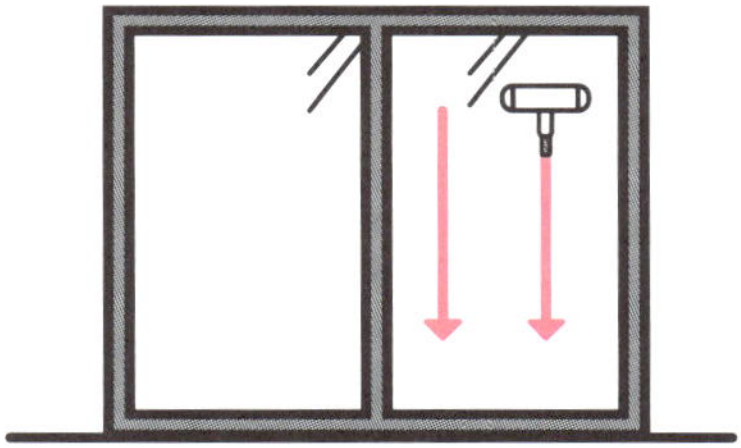

❷ 浮いた汚れやこびりついた汚れをブラシや雑巾でこすり、乾拭きをする。

ソファ

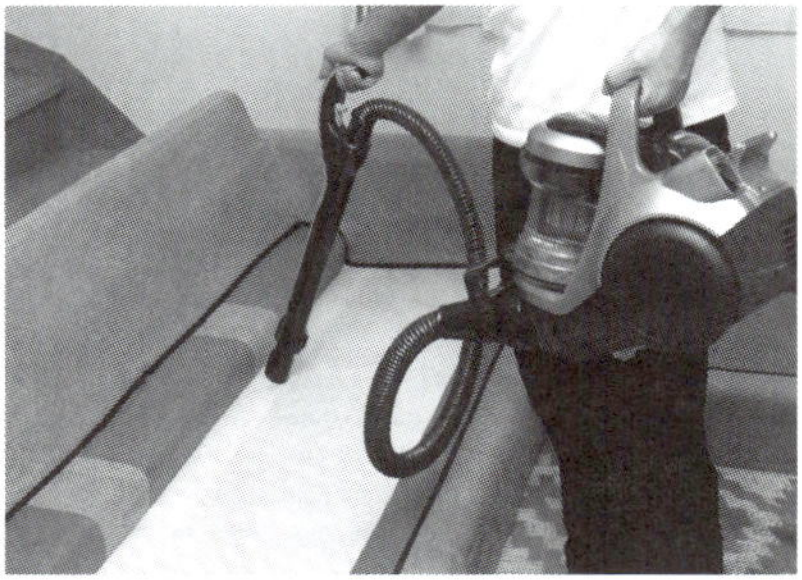

❶ クッションなどを外し、掃除機をかける。座面の隙間にゴミがたまっているので、隙間用ノズルをつけて吸い取る。

❷ 布製なら、お湯にひたし、軽くしぼった雑巾で拭く。革製なら乾拭きを。

お掃除レンジャーのアドバイス

これからソファを購入するなら、布製の取り外せるカバーがついたソファをおすすめします。汚れたら丸洗いできるので清潔です。

STEP3

04 掃除はルーティンにして継続させる

部屋がリセットされてピカピカになったら、今度はそれを維持します。ついおっくうになった、時間がなくて、疲れていてなどと理由をつけて掃除をしない人の場合は、掃除を身体にクセづけていくのが有効です。

トイレなど汚れやすい場所は使うごとに拭いて、周囲の壁もサッと拭いておきます。これにはトイレ用の使い捨てウェットシートが便利です。

キッチン、リビングなど毎日使う場所も、使ったら即掃除の繰り返しです。

こまめに行なえば汚れもたまらず、時間も10分程度と少なくて済みます。

その分、掃除への精神的なハードルも下がるのです。

CHECK POINT

- □ 部屋を掃除するのではなく、整った状態を維持するという考え方に変える
- □ 掃除をしようと思い立つまでに意外とエネルギーを使ってしまうもの。習慣化することで、意識せず身体が動くようになる
- □ こまめに行なえば汚れがたまらず、毎日わずかな時間で済む。精神的なハードルも下がる

使ったら即、掃除の習慣を

「汚れる前にキレイにする」、これがキレイを維持する鉄則。

お掃除レンジャーのアドバイス

自衛隊では何事もルーティンで行ないます。着替えるついでに服の間隔を揃える、モノを出したらサッと面を整える。始めは大変でしたが、今は無意識に行なっています。逆に、歯磨きのように、掃除しないと気持ちが悪く感じるようになります。

自衛隊式 TECHNIQUE FILE 11

食器は洗ったらすぐに拭いて食器棚にしまう

食器は洗ったらすぐに水を拭き取って食器棚などにしまいましょう。水切り用のカゴにしばらく置いておくという人も多いのですが、キッチンが水垢で汚れる原因になったり、ごたごたして見えたりする、などのデメリットがあります。

STEP3

05 雑巾1枚でキレイな状態を維持する

ルーティンの掃除にたくさんの掃除用具は必要ありません。掃除機と雑巾（タオル）があればOK。全体のホコリを掃除機で吸い取り、汚れていたらちゃちゃっと雑巾で拭き取ります。

その他、あると便利なのが、ホコリ取り用のモップや粘着ローラーです。きちんと整理して、一カ所に保管しておきましょう。そして粘着ローラーの替えなど、消耗品はストックを把握しておくこと。使うときに切れていると、掃除をしない言い訳になります。

また、掃除用具の性能にもこだわりましょう。古くなって機能が落ちたスポンジや雑巾は交換します。掃除機も内部にホコリがたまると性能がダウン。使ったあとは常に手入れをしておきます。

CHECK POINT

- □ 掃除を始める前に掃除用具を準備する。
とくに消耗品は必要なときに切れていたということがないよう、日頃からチェックしておく
- □ スポンジや雑巾は機能が落ちたら交換する。
掃除機も日頃から手入れをして性能を維持すること

ルーティン掃除に必要なアイテム（★）あると便利なアイテム（●）

雑巾（タオル）は何枚か用意しておき、汚れたらマメに替える。

★ 掃除機

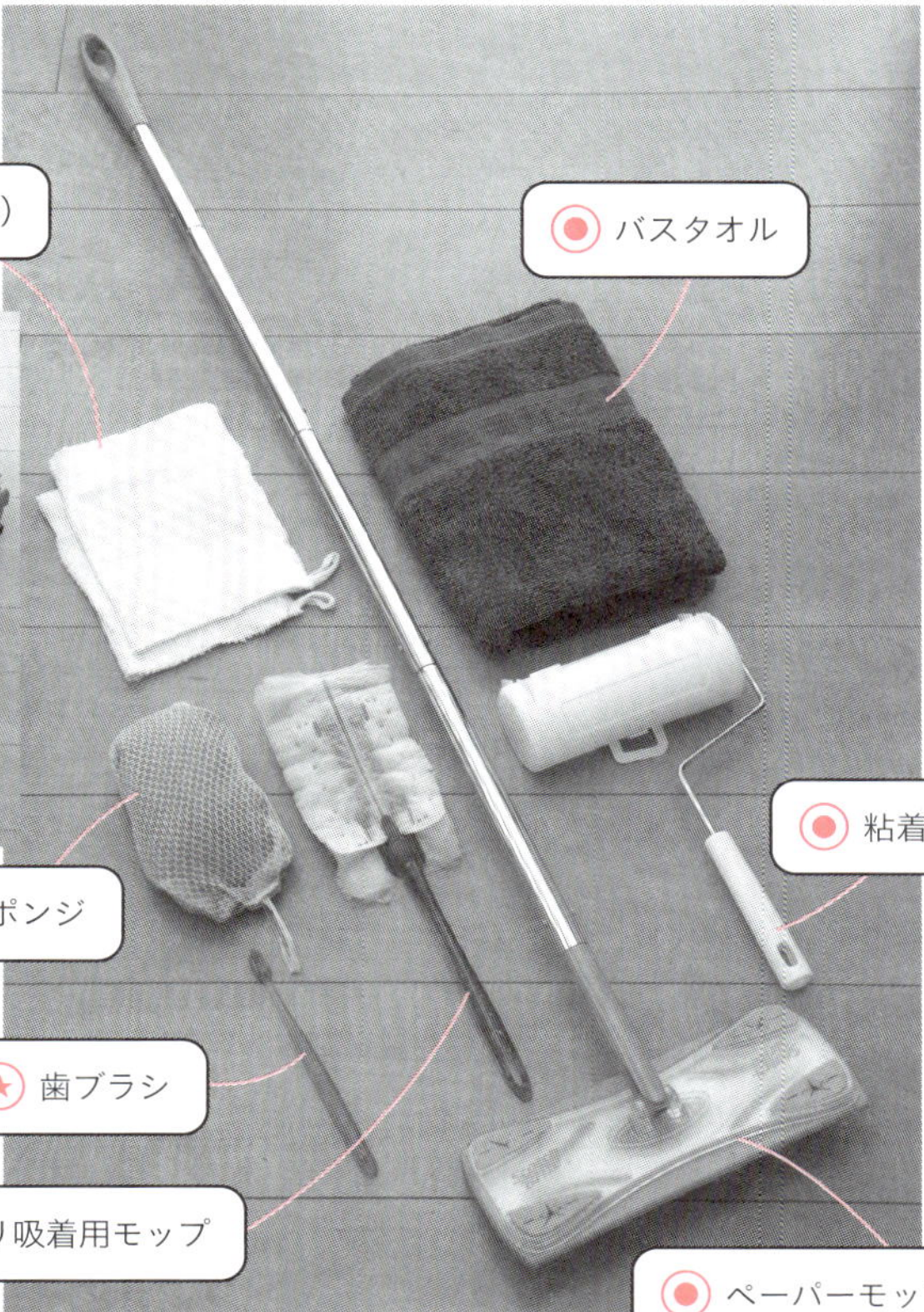
★ 雑巾（タオル）
● バスタオル
● 粘着ローラー
★ スポンジ
★ 歯ブラシ
● ホコリ吸着用モップ
● ペーパーモップ

自衛隊式 TECHNIQUE FILE 12

拭き掃除にはタオルがおすすめ

拭き掃除に使う雑巾は「雑巾」として売られているモノではなく、一般のタオルを使うのがおすすめです。吸水力が高く、洗濯による劣化もしにくいので、掃除のパフォーマンスが上がります。

STEP3

06

掃除は上から下、奥から外に向かって行なう

清掃の鉄則は、上から下に向かって行なうということです。

例えば、まず照明や家具の上などにたまったホコリをモップなどで床に落としてから、掃除機でホコリを取ります。

掃除機をかける際は、まず部屋の角、辺などの隅を吸い取ってから、部屋の中央の広い部分にかけていきます。

このとき、掃除機を木目に沿ってまっすぐ動かし、必要なら細いノズルを使って木目の間に詰まったゴミやホコリも取り除きます。

また、ソファやベッドの下など、家具の下も見逃さないようにしましょう。

掃除機は一番奥の部屋から始め、玄関に向かってかけていきましょう。

CHECK POINT

- □ 掃除は上→下、部屋の奥→玄関という動線で行なうと効率的
- □ 掃除機をかけるときはまず隅のホコリを取ってから部屋の中央に向かってかける。木目に沿って行なうのが大切

掃除の基本的な動線

上→下

床全体に掃除機をかける。

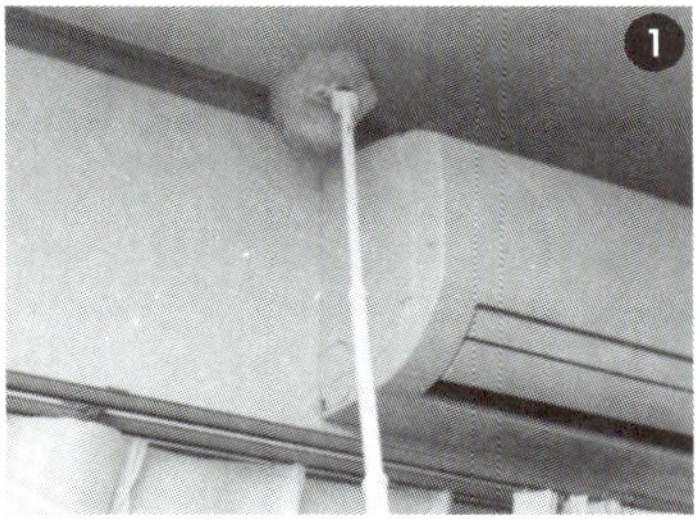

まず家具の上などのホコリを落とす。

部屋の奥→玄関

フローリングの床は木目に沿って縦に動かす。

普通の吸い込み口に替え、中央の広い部分に掃除機をかける。

隙間用ノズルを使い、部屋の隅や辺に掃除機をかける。

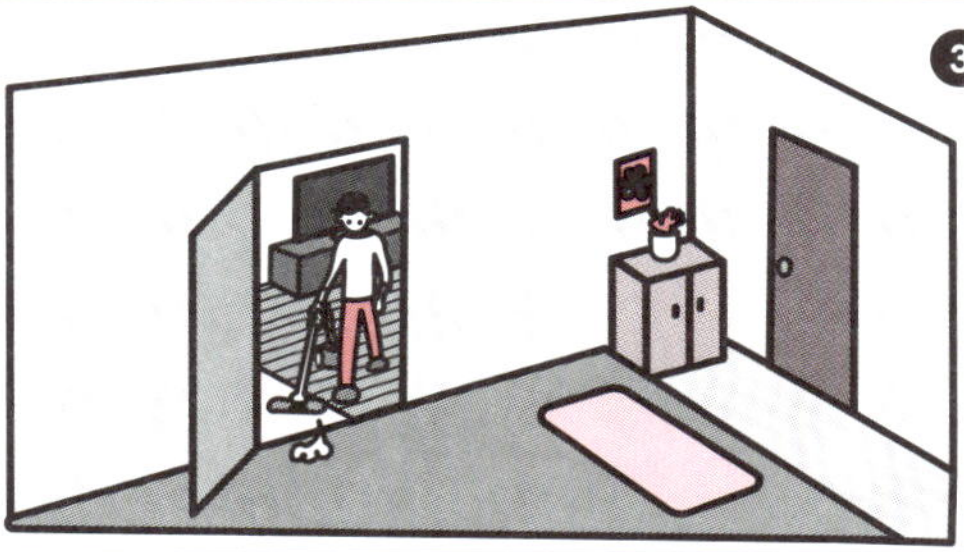

出入り口のほうに向かって掃除機をかける。

STEP3

07 床や家具はホコリを取ったあとに水拭き→乾拭きをする

基本的に、掃除機をかけてホコリやゴミを取り除いたあとに雑巾で水拭きをします。ホコリや汚れを残したまま水拭きをすると、水を吸って落ちにくくなるからです。

水拭きのあとは乾拭きし、水の跡も残さないように拭き上げます。

そして、忘れてはならないのが最終確認です。一度部屋の外に出て、新しい目で掃除の済んだ部屋を眺めましょう。

仕上げに、粘着ローラーを手に匍匐《ほふく》前進するような動きで、細かいチリや髪の毛1本まで残さず取ります。

CHECK POINT

- □ ホコリを取る→水拭きをするという順番で行なう
- □ 水の跡を残さないよう、乾拭きをして磨き上げる
- □ 掃除が済んだら床に這いつくばって最終チェックをする

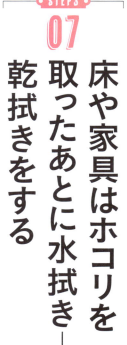

乾拭きはバスタオルで大胆に行なう

乾拭きにはバスタオルを使うのがおすすめ。バスタオルは拭きたい部分に接する面が広く、容積が大きい分、吸水力も高いので、時短になります。

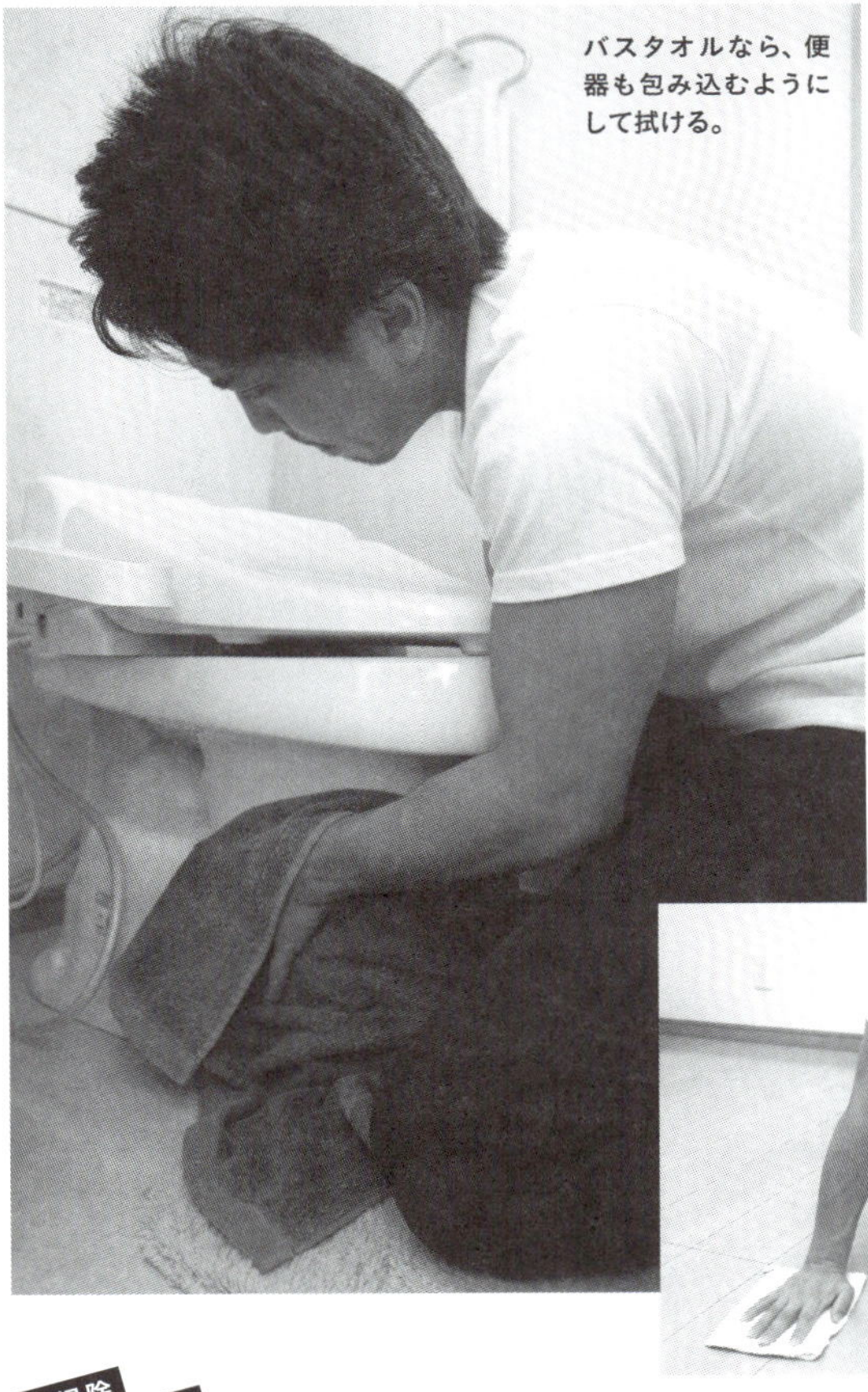

バスタオルなら、便器も包み込むようにして拭ける。

片手にぬれた雑巾を、もう片方の手に乾いた雑巾を持ち、水拭き→乾拭きをする。

お掃除レンジャーのアドバイス

自衛隊では掃除を班長にチェックされ、髪の毛1本、チリ1つでも落ちていたら即座にやり直しを命じられます。細部まで厳しい目で見直しを行なうことが大切です。

STEP3

08 掃除をスケジュールに組み込み、家中まんべんなく磨き上げる

使うごとに整理整頓して、汚れをとっておけば、それほど汚くなることはありません。

そして、家具をどかしたり踏み台に上る必要があったりするなど、掃除をするのに一手間、二手間がかかるような場所については、週に一度、季節に一度などと、スケジュールの中に組み込んでしまいましょう。

例えば「○曜日は冷蔵庫まわり」などと決めます。

このようにすれば、気づかないうちにホコリがたまっていてギョッとする、などということもありませんし、「あの場所をいつ掃除しようか」など考えを巡らすストレスもなくなります。

CHECK POINT

- □ 掃除はスケジュール化して家中まんべんなく行なえるようにする
- □ 見えない場所については週〜月に一度掃除すればOK

場所別・掃除スケジュール(例)

使うたび(汚れやすい部分)

① トイレ

② ベッドまわり

毎日(見える部分)

① リビング

② 廊下など

③ キッチン

④ 洗面台、バスルーム

週〜月一度(見えない部分)

① テレビやソファなど、家具の下

② 冷蔵庫まわり・中

③ 洗濯機まわり・中

④ 電子レンジや引き出しの中

⑤ 照明

⑥ 幅木

⑦ 下駄箱

⑧ キッチンやバスルームの排水口

⑨ キッチン、バスルーム、トイレなどの換気扇

季節に1回

① エアコン

② 窓ガラス、サッシの溝、カーテンレール

排水口やサッシのレールなど使い古しの歯ブラシを使って磨くところは、歯ブラシの交換時期に合わせるのがコツ(月1回など)。使い終わったらそのまま捨てられます。

自衛隊式 TECHNIQUE FILE 13

スポンジは吸収力が落ちないうちに交換

スポンジは使い続けていると、吸収力が落ちて、洗剤をつけても泡立たなくなってきます。こまめに新しいモノに交換しましょう。形が崩れたり、表面がささくれてきたら交換のサインです。

使い古しのスポンジも、網戸を掃除するのに使ったり、トイレの便器を磨くなど、有効活用してから捨てればもったいなくありません。

自衛隊式 TECHNIQUE FILE 14

掃除用具の手入れを忘れずに

掃除が終わったら掃除用具を洗って締めくくりましょう。モップ（取り外せる部分）やタオルはまとめて洗濯機で洗いましょう。スポンジといっしょに、天日に干しておきます。

掃除機もときどき分解可能なパーツを外して掃除します。その際は使っている掃除機の取扱説明書に従って手入れしてください。

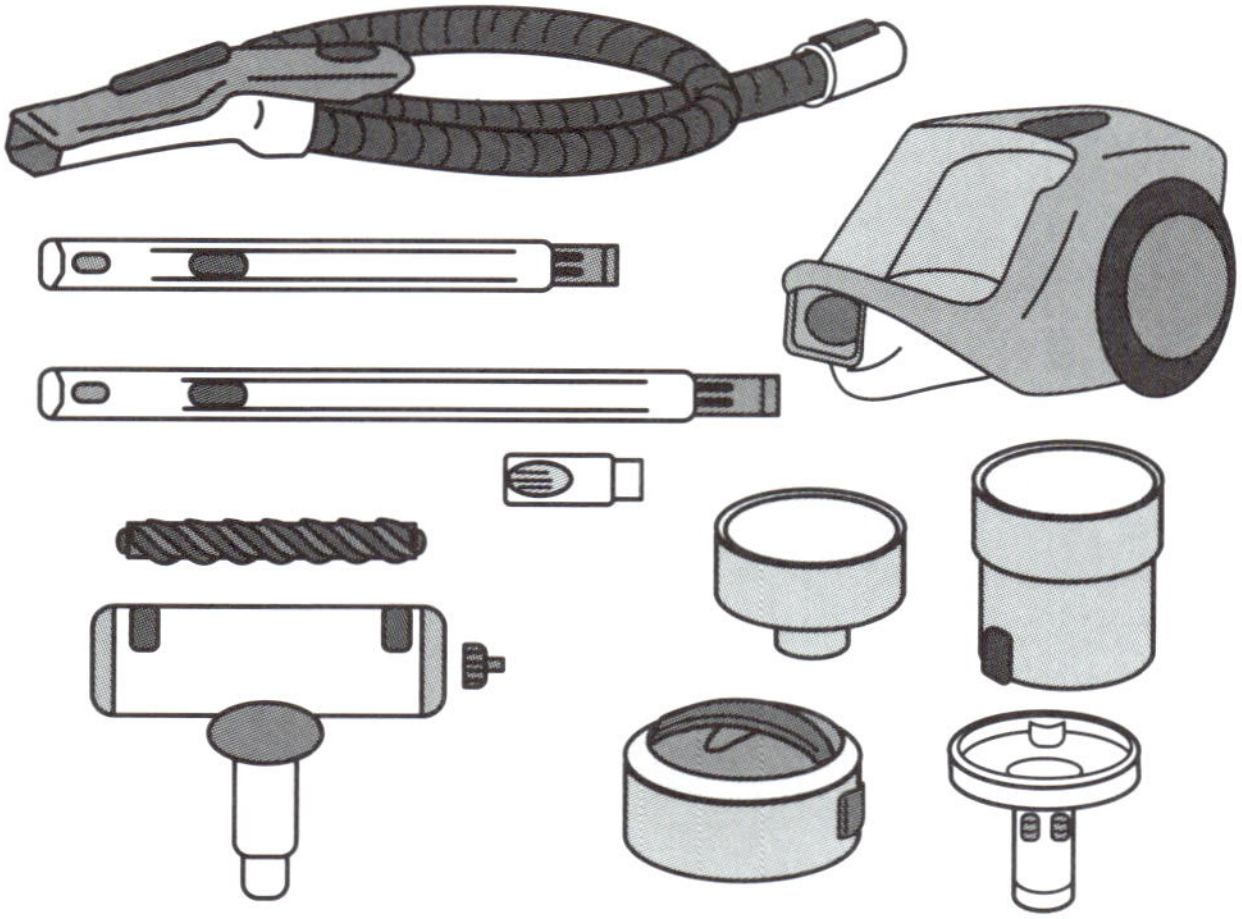

自衛隊式
TECHNIQUE
FILE
15

週〜月に一度、家中の換気扇カバーやファンをまとめて洗う

換気扇のフィルターはまとめて洗ったほうが効率的です。家中の換気扇フィルターをすべて取り外し、浴槽に放り込みます。掃除機でホコリを吸い取ったあと、シャワーを流しながら歯ブラシで汚れを落とし、最後に乾拭きをして、よく乾かしましょう。

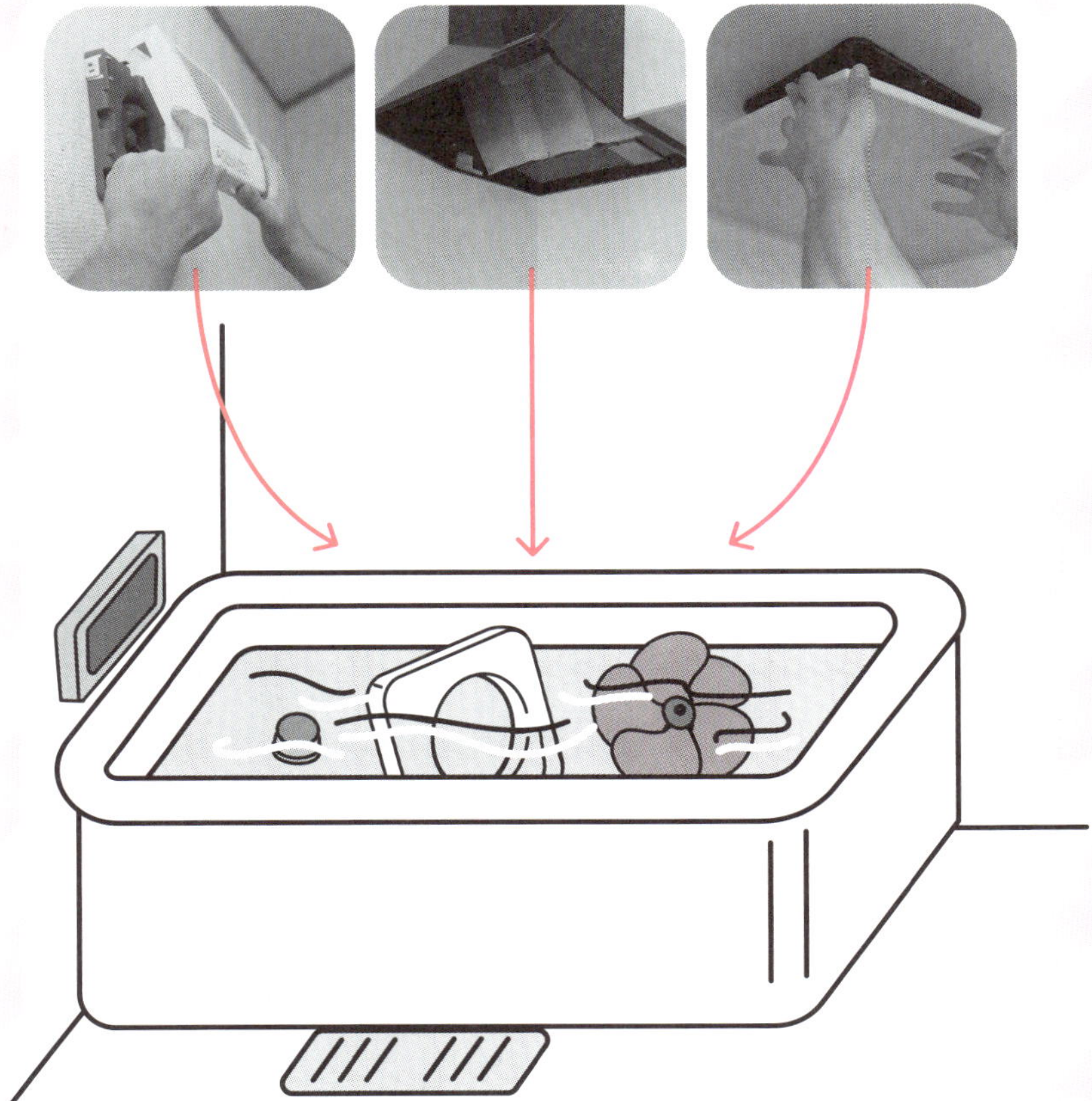

STEP3

09 細部こそ心を込めて磨き上げる

床と壁の境目にある幅木、カーテンレール、サッシのレールといった細部は見落としやすく、掃除が行き届きにくい場所。

周囲がきれいになっても、こうした細部の汚れが欠点になります。テーブルや椅子の裏側、脚の接地部分、テレビの裏側など、ふだんは目につかないところを見逃さずホコリをとっておくと、暮らす人も訪れる人も清々しい気持ちになります。

また、水回りのカランは磨いて光らせておくと、そのキラキラ効果で実際以上に部屋をきれいに見せてくれます。

コツとして覚えておくとよいでしょう。

CHECK POINT

- □ 汚れやホコリを見落としやすい場所をあらかじめ把握しておき、入念に行なうとよい
- □ カランを磨いて光らせておくと実際以上に部屋がきれいに見える

ホコリや汚れを見落としやすいポイント

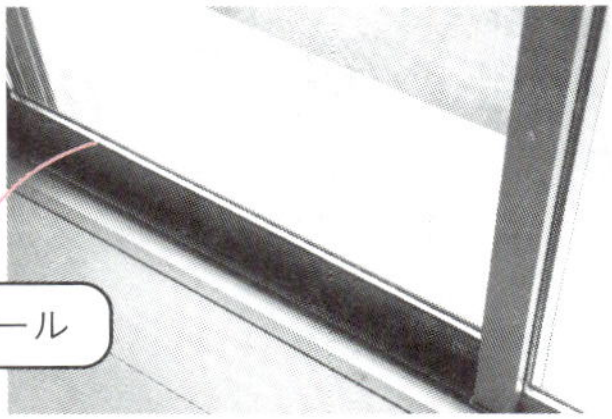

自衛隊式 TECHNIQUE FILE 16

反射するまで磨く方法

カランは乾いたタオルで蛇口を包むようにしてこすります。付け根や壁側、裏側など、360度ピカピカにします。水垢がこびりついている場合は、水垢用の洗剤を使用してください。

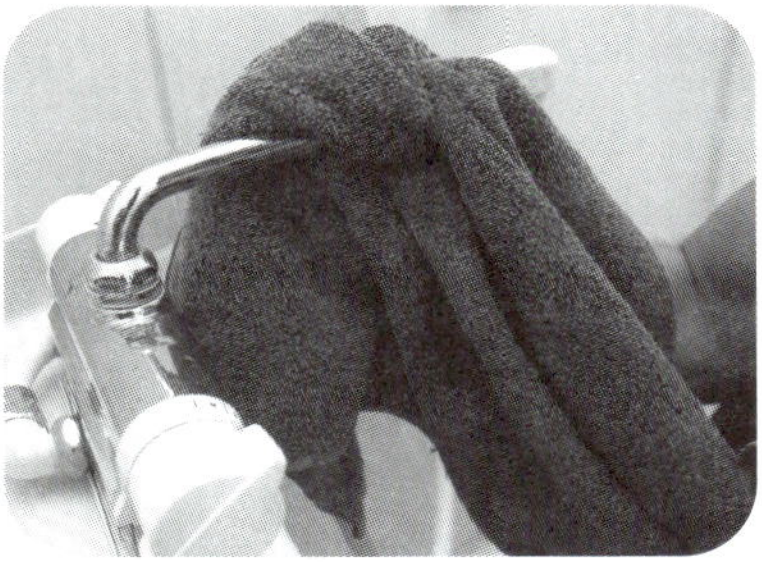

自衛隊式 TECHNIQUE FILE 17

場所別 掃除のスケジュールと手順

1 トイレ 使うたび

1. 便器を洗剤とブラシでこする
2. 便座や周囲の壁、床をトイレ用のウェットシートやぬれ雑巾で拭く

2 バスルーム 毎日・入浴後

1. 使った部分に洗剤をかけ、スポンジでこすって全体に水を流す
2. 換気扇をかける

お風呂のシャワーヘッドは水を出したときに自分にかからないように、外側か壁に向けておきます。浴槽の蛇口も、湯船に向けてセットしておきましょう。

3 ベッド 毎日・朝

1. 朝起きてすぐに窓をあけ、布団と枕をはたき、粘着ローラーをかけてチリや髪の毛を取る
2. 布団は折り返し、枕はヘッドボードの部分に並べる

4 床 毎日

1. 掃除機をかける
2. 汚れた部分があれば、水拭きしてから乾拭きする

5 カラン（蛇口）や鏡など光っているモノ 毎日

1. スポンジなどに洗剤をつけて磨く
2. やわらかい布で乾拭きする

6 電球 週～月1

1. スイッチを切る
2. やわらかい布で乾拭きする

7 排水口 週1

1. 分解してスポンジと洗剤で洗い、ぬめりを取る
2. 編み目に詰まった汚れは古い歯ブラシで磨いて取り除く

8 家電や家具の周囲、下 週1

1. 家電や家具を必要なら動かして、上、横、裏などのホコリを取る
2. 水拭きをする
3. 乾拭きする

自衛隊式 TECHNIQUE FILE 18

家電のメンテナンス・スケジュール

1 エアコン　シーズンごと

1. フィルターを取り外し、ホコリを掃除機などで吸いとってから水で流して乾燥させる
2. 周囲は軽くホコリを取り、雑巾で水拭きする

2 冷蔵庫　シーズンごと

1. すべての棚、仕切りを外して水拭きをする。上、横、裏などのホコリを取る
2. 冷凍庫は一度電源を落として、固まった霜を溶かし、ぬれたタオルで拭く
3. こぼれた汁などは見つけたときに拭き取る。放置するとこびりついて落ちにくくなる

3 洗濯機　月1

1. フィルターにたまったゴミを取る
2. 洗濯槽カビキラーを使用する
3. 洗濯機横や洗濯機下、洗濯パンにホコリや髪の毛が多くたまっているため、可能であれば洗濯機をずらし、それらを取り除く

4 電子レンジ　毎日〜週1

1. 頻繁にレンジ内のターンテーブルなどを取り出して水洗いし、よく乾かしてから元に戻す
2. 袋などが破裂してレンジ内に飛び散ったらすぐに拭き取る。長く放置するとこびりついてしまう

5 掃除機　週1

1. 中にたまったゴミは使うたび、あるいは袋がいっぱいになったら捨てる
2. 分解して拭き掃除を行なう。取扱説明書に記載されているメンテナンス法に従うこと
3. 他の部品も同様に水洗いし、乾燥させてから組み立てる

使用頻度の高い掃除機は、きちんとメンテナンスしておくのが何より重要。整備しておくと吸いが良くなり、効率がアップします。

COLUMN

革靴をピカピカに光らせる裏技

自衛隊の靴はファッションではなく、実用的なもの。訓練や現場では砂ぼこりや、ときにはベトベトの泥にまみれます。本来であれば、使い終わったら汚れをぬぐっておけばよいだけで、別にピカピカにしておくべき理由はありません。しかも、自衛隊の靴はエナメルなどと違い、もともと光る素材ではないのです。

しかし、なぜか自衛官は、靴をピカピカにしたがります。そして一般の方のイメージでも、自衛官の靴はきれいに磨かれているものでしょう。服装の乱れは心の乱れと言いますが、自衛官としての規律正しい精神の象徴が、ピカピカの靴ということなのかもしれません。

以下に革靴を光らせるテクニックをご紹介しますが、ポイントは全体をピカピカに光らせるのではなく、靴の先端を重点的に光らせること。こうすると靴全体が輝いて見えるのです。

① 目の詰まった布（手ぬぐいなど）に靴墨をつけて、革靴の先端部分表面を、革の目地をつぶすように何度もこする

② ①を繰り返すうちに、革表面の目地がつぶれて埋まってくる

③ 仕上げにつや出し用のワックスをストッキングにつけ、表面が光るまで磨く

また、スニーカーの場合は、消しゴムで手入れをします。

① ゴムの部分についた黒い汚れを消しゴムで落とす

② タオルなどに水を含ませ、布の部分を拭く

③ 完全に乾くまで風通しのよいところに置いておく

私は一般人となった今も、靴の手入れは怠りません。そしてキレイにしていると、汚すのがイヤになるので、お気に入りの靴はクローゼットにしまい込んであり、めったに履きません（笑）。

STEP 4

モノを増やさない 自衛隊式

維持・メンテナンス術

重要なのは、部屋がキレイな状態を一生の間、
持続させていくこと。これは性格の問題と思われがちですが、
技術を身につけることで可能になります。

STEP4

01 ルーティン化の動機づけを行なう

掃除はルーティン化して身体に覚え込ませると、毎日の歯磨きのように無意識に行なうことができ、かつ、やらなければ気持ち悪く感じるようになります（STEP3参照）。

ただし、そこまで持って行くのにはいささかのコツが必要です。掃除をルーティン行動にするには、身体にしみつくまで繰り返し行なうことが大切。これに必要なモチベーションを得るために、動機づけを行ないましょう。

まず、部屋がキレイになることのメリットを自分でしっかりと実感します。また、写真を撮って変化を客観的に実感する（P38参照）、ご褒美《ほうび》を準備する（P76参照）なども動機づけとして有効です。

CHECK POINT

- □ 掃除をルーティン化するまでには何度も繰り返し、身体に覚え込ませる必要がある
- □ 動機づけのために、キレイな部屋のメリットをしっかり実感することが大切

キレイな部屋を維持するメリット

MERIT POINT

- □ モノを探すなどの時間ロスがなくなる
- □ 部屋の中を移動するとき、
モノをよけるなどのストレスがなくなる
- □ きれいな状態を保つことで劣化防止になり、長持ちする
- □ 汚れがたまらないので、掃除に時間がかからなくなる
- □ ホコリなど健康に害があるものを吸い込む確率が減る
- □ スッキリしたクリーンな環境で暮らすと気持ちがいい

お掃除レンジャーのアドバイス

シビアな時間意識を持って生活していると、必要なモノを見つけるまでの時間が惜しく感じられます。掃除がおっくうなので、つい後回しにする人は多いと思いますが、実はもったいない行動。仮に、探している時間を計ってみると、掃除に要するよりずっと多くの時間がかかっているはずです。また、汚れはたまるほどに落ちにくくなるので、あとの掃除がもっと面倒に。目先のことだけ考え楽な選択をすると、いずれ大きなしっぺ返しがあります。

STEP4

02「使ったら現状復帰」を繰り返す

掃除をする目的は、キレイな状態を維持すること。つまり、使ったらすぐに元に戻す、という行動を繰り返せば掃除は不要ということになります。

トイレやお風呂は、使ったらすぐにサッとこする、ざっと流す。モノを使ったあとにはすぐに元の場所に戻す。こうしたちょっとしたひと手間を習慣にすれば、意識せずにキレイな部屋を維持することができます。

部屋を常に同じ状態に保つことには、さまざまなメリットがあります。例えばモノの位置がいつも同じであれば、必要なときスピーディに取り出すことができるほか、なくすリスクや忘れ物のリスクも最小限におさえられます。

CHECK POINT

□ 使ったモノはすぐにしまい、使った瞬間に清掃すれば、掃除の手間が最小限になる

□ 毎日部屋の状態が同じであるようにすると、変化に気づきやすくなり、サバイバルに役立つ

現状復帰の3行動

① 汚れたらすぐにこする、拭く、流す
② 出したモノは同じ場所にしまう
③ 動かしたら元に戻す

3行動を常に行なっていると、意識しなくても身体が動くようになる。

お掃除レンジャーのアドバイス

自衛隊の訓練所では、5時起床。10分で着替えて整列です。身支度を含めて自分のための時間は1日にトータルで1時間程度。片づけには3分、入浴には10分など、行動スケジュールを分刻みで立てています。遅れると罰則として腕立て伏せなどを課せられ、その分、自分のための時間が減っていく仕組みです。自ずと、最短でもっとも効率的な動作が身につきます。

STEP4

03 毎日同じスケジュールで行動する

私は、朝起きてから寝るまでの間、できるだけ同じ時間に同じことを行なうようにしています。自分の行動をすべてルーティン化することには、いくつもの利点があります。

①自分の身体の変化に気づきやすくなる（いつもより作業に時間がかかる場合、体調が悪いことが考えられる）

②一日の行動スケジュールを細かく決めることで、ダラダラしなくなる

③自分がいつごろ、何をしているかが明確なので、予定が立てやすくなる

④いつもと違うことをすると違和感が生じるため、忘れ物やミスが減る

などです。

CHECK POINT

- □ 朝起きてから寝るまでの間、行なう作業の時間を毎日一定にする
- □ スケジュールに沿って行動することで、ムダに過ごすことがなくなり、予定も立てやすくなる
- □ ルーティンにない行動をとると違和感を覚えるため、ミスが少なくなる

お掃除レンジャーのアドバイス

以下は私の毎日のスケジュールです。掃除の時間もちゃんとスケジュールに組み入れていることが大切です。

STEP4

04 洗濯はため込まず毎日行なう

私は毎日、入浴後に洗濯機を回し、その日に着た服はすぐに洗って干します。このように毎日こまめに洗濯を行なえば、洗濯物がたまらないので短時間で済むうえに、汚れや臭いがしみつかないので衣類が長持ちします。また、服のストックが増えて災害の際などの備えにもなります（服は可能な限り補充した状態を保ち、災害など、万が一に備えておくことが大切です）。

昼間外に干せないという人や長雨のときなどは、室内干しに対応した除湿器があると便利。とくに湿気を探知するタイプだと、洗濯物を効率的に乾かすことができます。夜干せば朝には乾いているので、サッと畳んでクローゼットにしまいます。

CHECK POINT

- □ その日に着た服はその日に洗い、洗濯物がたまらないようにする
- □ 部屋干し対応の除湿器があると、夜に洗濯したものが朝乾き、洗濯をルーティンにしやすい

毎日洗濯するメリット

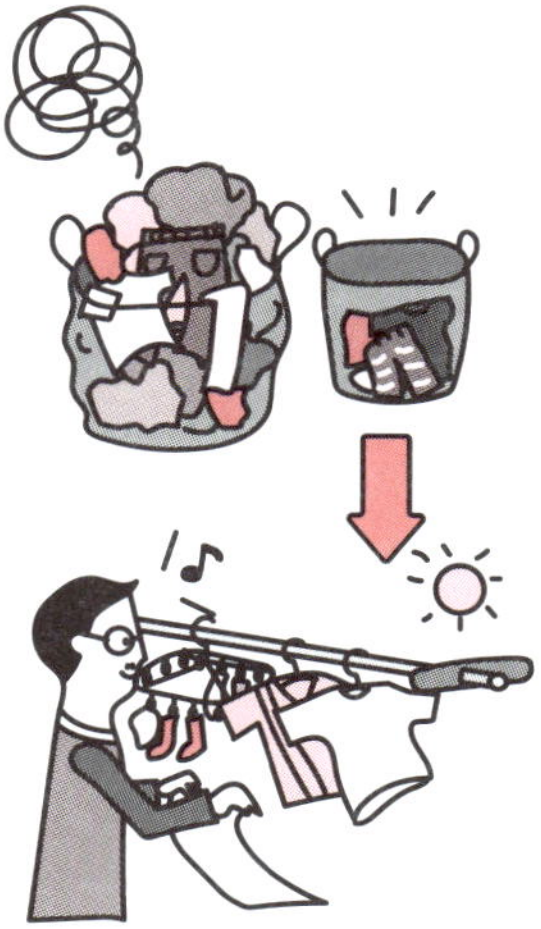

❶
洗濯物がたまらないので干す手間暇が最小限で済み、面倒にならない。

❷
衣服に汚れやニオイが定着しないうちに洗うため、キレイになりやすく、長持ちする。

❸
着られる服のストックが増え、有事への備えとなる。

自衛隊式
TECHNIQUE
FILE
19

除湿器を活用する

私は夜、洗濯をするので日中外に干しません。そんなとき活躍するのが除湿器です。写真のように部屋の一角に洗濯物を干すコーナーをつくり、湿気を探知するタイプの除湿器を前に置いておけば、朝にはすっかり乾いています。服のストックをあまり持たない人や、天気や時間を気にしたくない人にはおすすめです。

STEP4

05 モノを買うときは目的と収納場所を熟考する

モノを購入するという行動は、方法を間違えると、部屋が散らかる大きな原因になります。①使う目的、②どこにどう収納するか、をしっかり考えてから買うことが大切です。

とくに気をつけたいのが、「いつか使いそうだから」「一目惚れしたから」などの理由で買ってしまうこと。そんなことを続けていると、あっという間にモノがあふれ返ってしまいます。

また、効率的に収納できるかを考えるのも大事です。既存のモノと形を揃えて購入すると、重ねたりできるので幅をとらず、収納したときの見た目も整って見えます。増えやすい食器を購入するときなどは、こうした点を考慮しておきましょう。

CHECK POINT

- □ 使う目的、収納場所などを具体的にイメージできないと、購入したモノを適当に放置しておくことになり、散らかる原因になる
- □ 増えやすい食器は既存のモノと重ねられるなど、できるだけスペースをとらない形のモノを購入するとよい

増えやすい食器の収納方法

もっとも場所をとりやすいのが食器。見た目で購入してしまいがちですが、既存のモノと形が違いすぎると、重ねて収納できないため、場所をとります。基本の食器は色と形を揃えて購入し、趣味性の高い食器は1種類2アイテムまでなどと数を決めておきましょう。

頭上に割れ物は置かない

地震などの災害時に、上から割れ物が落下してくるのはとても危険。

なるべく形を揃える

食器をスッキリ収納するためには重ねて置けるような形のものを選ぶことが大切。

皿は引き出し型の収納がおすすめ

皿や重い食器などは腰より低い位置に収納するとよい。また、引き出しタイプのほうが扉タイプよりも飛び出すリスクが低い。

STEP4

06 「買う」と「捨てる」をセットにする

いったん不必要なモノをすべて処分し、きれいに片づいた状態の部屋になっているならば、自分に本当に必要なモノだけが厳選されているはずです。つまり、それ以上モノを増やすのはムダな行為です。購入するとすれば、メンテナンスと補充が目的。

例えば衣服は古びたら買い替えます。1着購入したら、1着は必ず捨て（またはリサイクルし）てスペースをあけましょう。衣服ならシーズンごと、その他の日用品は1年に1回といったサイクルで点検します。

「買う」と「捨てる」は常にセットと考えてください。そして、定期点検で買い替え時を把握しておく、これがモノを増やさないコツです。

CHECK POINT

- □ 1品購入したら1品捨てることをルールにすれば、基本的にモノが増えることはなくなる
- □ メンテナンスと補充のため、定期的に家中のモノを点検して買い替えを検討する

点検とメンテナンスの目的

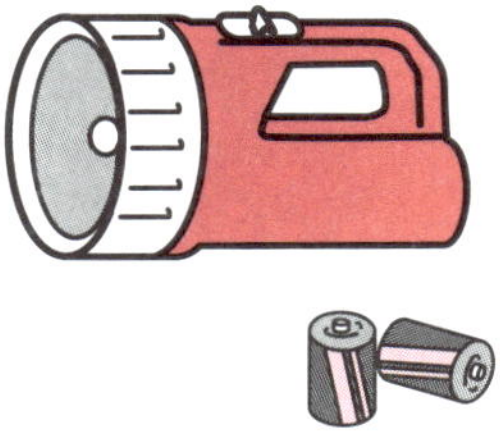

① 自分の持っているモノを把握し、有効活用する

② 必要なときに壊れたりして使えない、といった事態を防止する

③ ムダなモノを常にチェックして処分し、スペースをあけておく

自衛隊で培われたメンテナンス技術

自衛隊では、ストックの確認や物品のメンテナンスを完璧に行なっておくことが基本です。必要なときに役に立たないと、命の危険にさらされる場合もあるからです。なかでも、武器の手入れは重要です。使ったあとは分解し、綿棒などを使ってパーツ一つひとつを磨き上げて元に戻します。訓練生の場合は、必ず上官のチェックが入り、くもりやホコリ、ねじのゆるみなどがないか点検されます。もちろん、落ち度があればまた一からやり直し、ということになります。繰り返すことにより、武器の取り扱いを身体で覚え、分解や組み立ての際にミスをすることもなくなるのです。

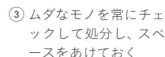

COLUMN

空挺団の仕事

私が所属していた第一空挺団は、航空機からパラシュートで現場に降下して働く部隊です。国内で唯一の存在で、また自衛隊でも随一の精鋭部隊と言われています。その強さはどこにあるのでしょうか。

ひとつには、勇気でしょう。落下傘を背負っているとはいえ、300メートル以上の上空から飛び降りるわけです。はじめて飛び降りるときはやはり怖いものです。どうしても踏み出せない者もいます。この場合は、先輩が容赦なく背中を蹴り、空中へと送り出します。どのような飛び降り方をしてもパラシュートは問題なく開くようになっているので、死ぬことはありません。

背嚢《はいのう》は両足に挟み、途中で地面に落とします。両手はパラシュートを操作しているため、降下中は完全に無防備な状態といえます（ですからパラシュートでの降下は夜間に行なわれる）。そもそも落下傘による作戦は、敵の死角から戦地や敵の陣地内に一気に入り込めるところに最大のメリットがあります。つまり、降下中に銃で狙われる可能性も非常に高いわけです。

そして、空挺団にとっては着地してからが本当の任務。実戦ともなれば、着地後すぐ戦闘状態に突入することもあるでしょう。ですから着地してまず行なうのは、銃を構え、あたりを確認すること。それから、パラシュートを手早く元通りに畳んで、あらかじめ落としておいた背嚢を背負い全速力で走ります。

こうした極限状態でも、装備などのモノを落としたりして、潜入の痕跡を残すことは許されません。ふだんから装備などの整理整頓を身体で覚えさせられるのも、ここに理由があるのです。

STEP 5

災害に備える自衛隊式

サバイバル片づけ術

自衛隊式片づけ術の究極の目的は、災害に備えることです。
片づいた部屋の維持は、
災害に対する気持ちの準備につながるのです。

STEP5

01

家具の配置は避難経路の確保を最優先に

本書で紹介する片づけ術の目的のひとつは、いざというとき、生き残る確率を最大限に上げることです。

玄関や庭に面した窓などは災害時の出口となります。出口に至るルートには家具や荷物を置かないこと。家具は基本的に壁につけて配置しますが、倒れると脱出経路をふさぐ危険性があります。棚などは必ず転倒防止用の器具で固定しておきましょう。重いモノ、割れ物はできるだけ低い位置に収納しておきます（STEP2参照）。また、床にモノを出しっ放しにしておくと避難時の転倒の原因になります。

ふだんから「万が一」を念頭に置き、使ったモノはしまうという動作を徹底させることが大切です。

CHECK POINT

- □ 玄関や庭に面した窓はいざというときの脱出経路になる。そのルートには家具や荷物を置かないようにする
- □ 地震の際には棚の中のモノが飛び出してくる危険がある。重いモノ、割れ物などを肩より高い位置に置かないように注意する

災害に備えた家具のレイアウト

日本は自然災害の多い国です。
自分だけは大丈夫と考えず、準備しておきましょう。

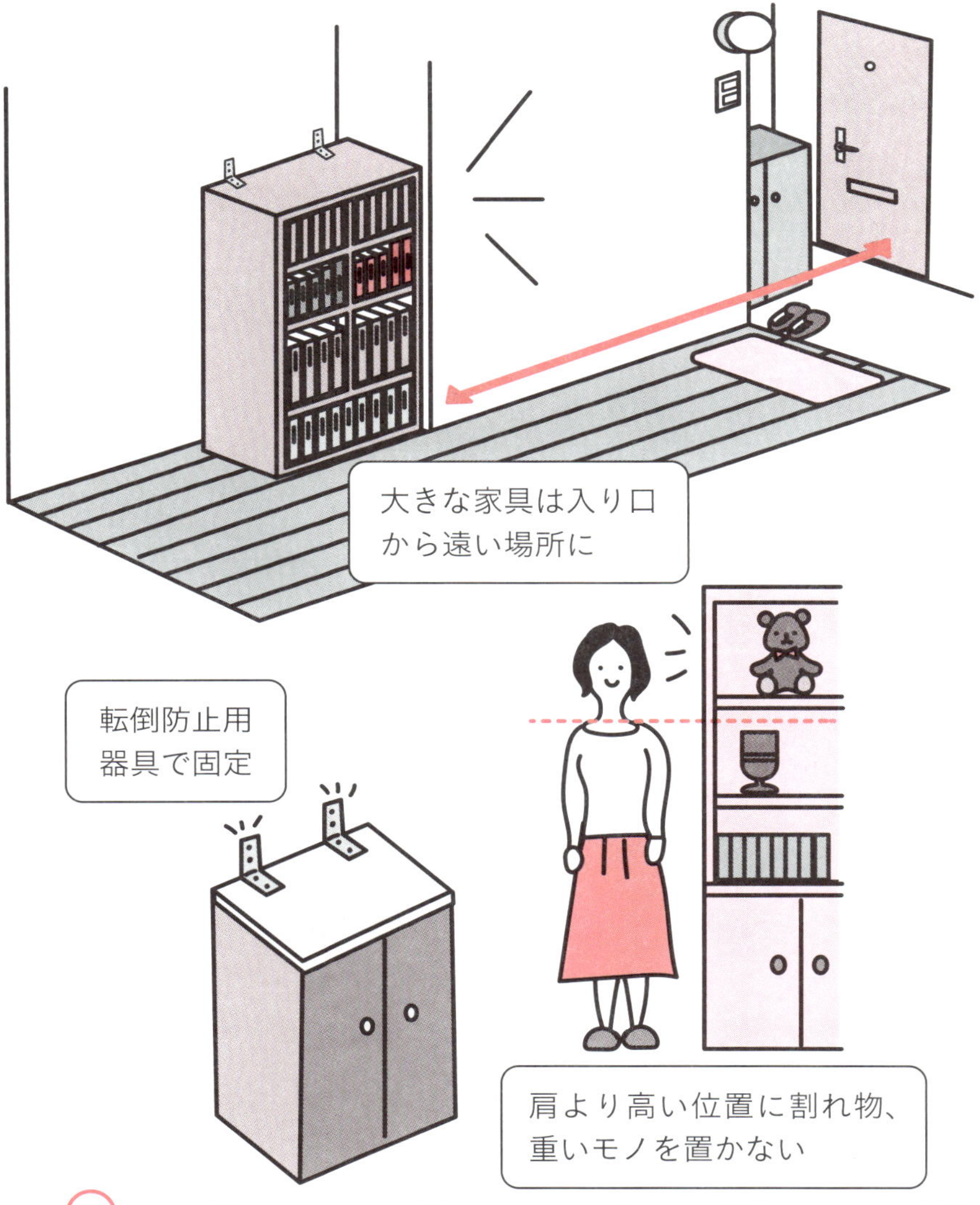
大きな家具は入り口から遠い場所に
転倒防止用器具で固定
肩より高い位置に割れ物、重いモノを置かない

STEP5

02 非常食は定期的に食べてチェックする

非常事態への備えとして、忘れてはならないのが非常食です。ガスや水道がストップしても食べられるよう、調理が不要で、かつ軽くて持ち運びしやすいものを用意しておきましょう。

乾パンや缶詰などの非常食は定期的に食べるようにしましょう。賞味期限・ストックの把握管理に役立ちます。また有事の際のイメージトレーニングにもなります。

緊急の際には、照明が切れるなど、いつもとは違う状況下でスピーディに行動する必要があります。持ち出すモノを日常的に使っておくことで、置き場所が思い出せなかったり、奥のほうにしまい込まれてすぐに取り出せなかったりといったトラブルも起きにくくなります。

CHECK POINT

- □ 非常食は日常生活でたまに食べ、ストックや賞味期限を把握しておく
- □ ふだんから残量をチェックしておけば、緊急の際にもスムーズに持ち出すことができる

ストックしておきたいおすすめの非常食

ストックしておく非常食

キッチンカウンターの引き出しに保管してある保存食。パック入りご飯やラーメン、缶詰など

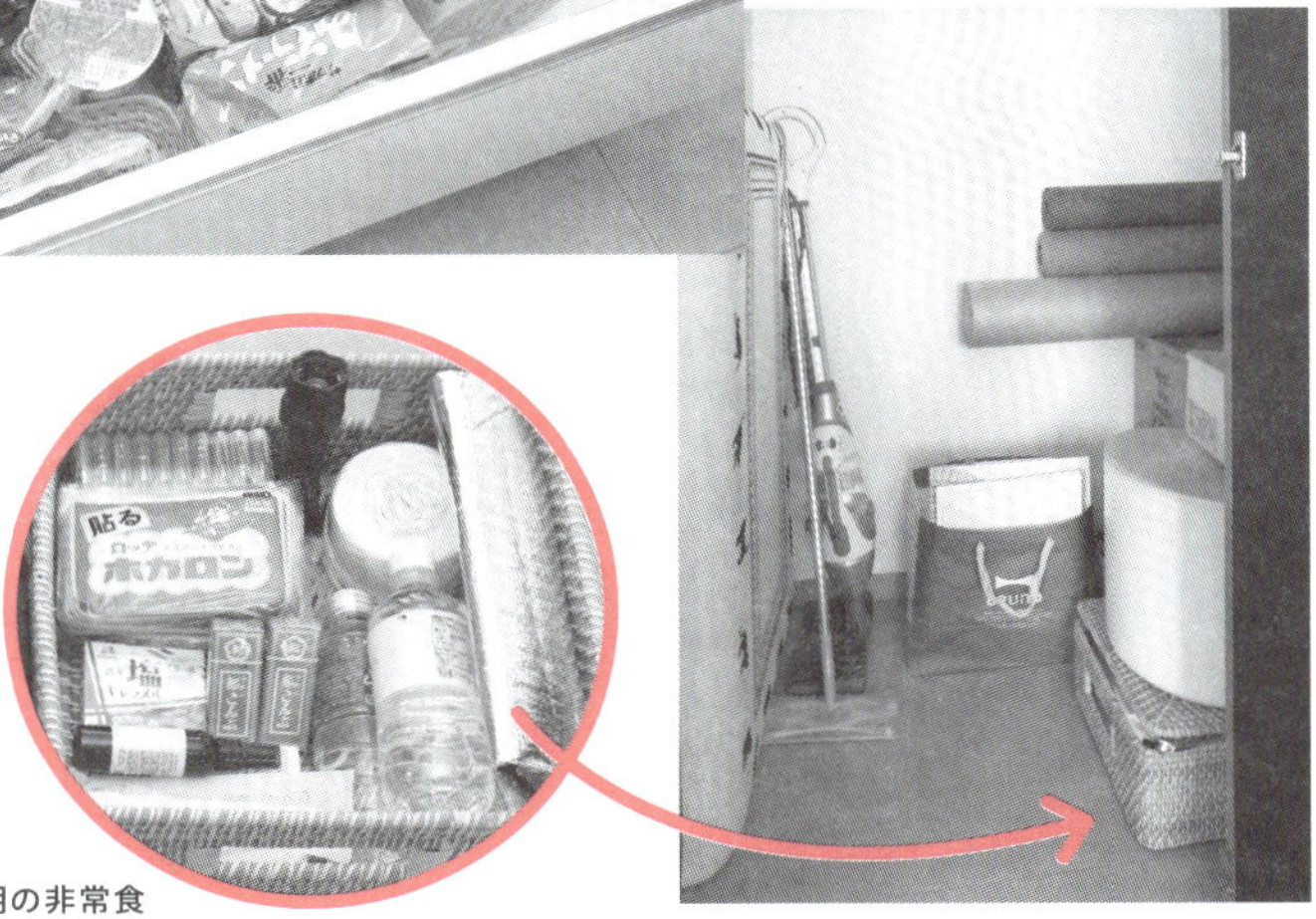

持ち出し用の非常食は取り出しやすいところにしまっておく

ストックしておく量の目安は家族の人数×3日分。持ち運べる量に収めることが大切。

お掃除レンジャーのアドバイス

非常食はキッチンカウンターの引き出しなど、常に使う場所に保管しておくのがおすすめです。私の場合は、防寒着とセットにして置いています。保管場所があちこちにばらけていると、取りに行くだけで時間のロスになるためです。

STEP5

03 3種のアイテムを常備しておく

災害時には1秒の差が生死の境目になります。ふだんと異なる状況下で、できるだけスピーディに行動することが大切。そのために常備しておきたいのが、①懐中電灯、②スリッパ、③大きなバッグの3つです。

災害下ではまず、停電が予想されます。周囲が見えないと動作が完全に遅くなり、リスクが上がります。また、暗闇の中ではストレスが高まるもの。判断が鈍ったり、パニックに陥ることもあります。緊急時にもっとも重要なスピードを確保する上で、懐中電灯は一番先に手に取りたいアイテムです。そのほか、スリッパは危険物を踏んでケガをしないため、大きめのバッグは、とりあえず必要なモノを持ち出すために用います。

CHECK POINT

- □ 災害に備え、①懐中電灯、②人数分のスリッパ、③大きなバッグを用意しておく
- □ 懐中電灯は寝室のベッド横など、寝ていてもすぐにとれる場所に準備。なくならないよう、壁などに固定しておく

常備しておくべき3種のアイテム

この3アイテムについては必ず複数準備して、
寝室、リビングなど数カ所に置いておきましょう。

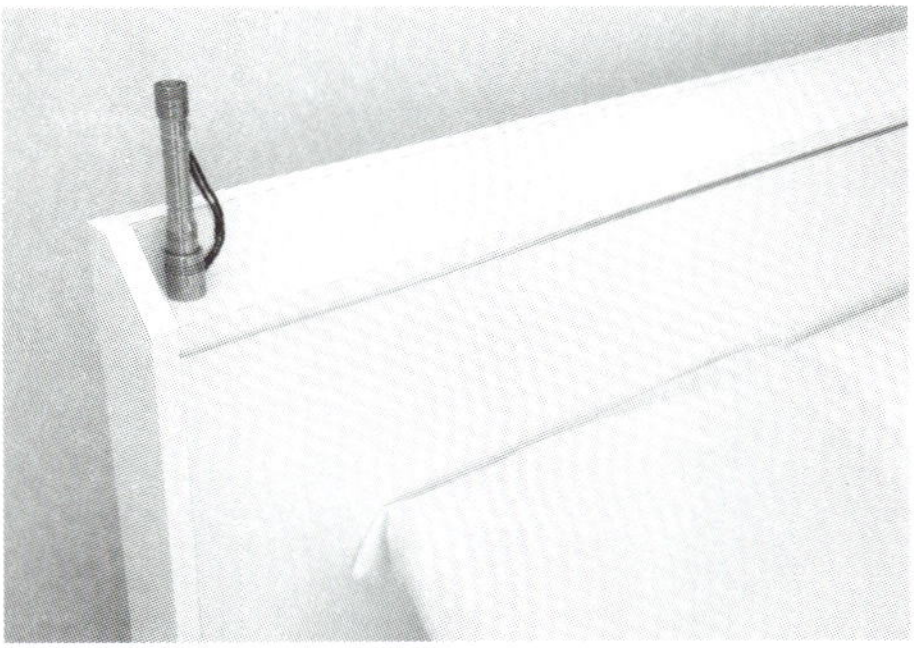

① 懐中電灯

・光を確保することで、冷静かつスピーディに行動できる
・数本用意し、ベッド近く、リビングの右側の壁など、わかりやすいところ数カ所に固定しておく

② スリッパ

・割れ物などの危険物を踏んでケガをしないため。かかとまで覆うタイプだと、なおよい
・寝室、リビングなど何カ所かにおいておく

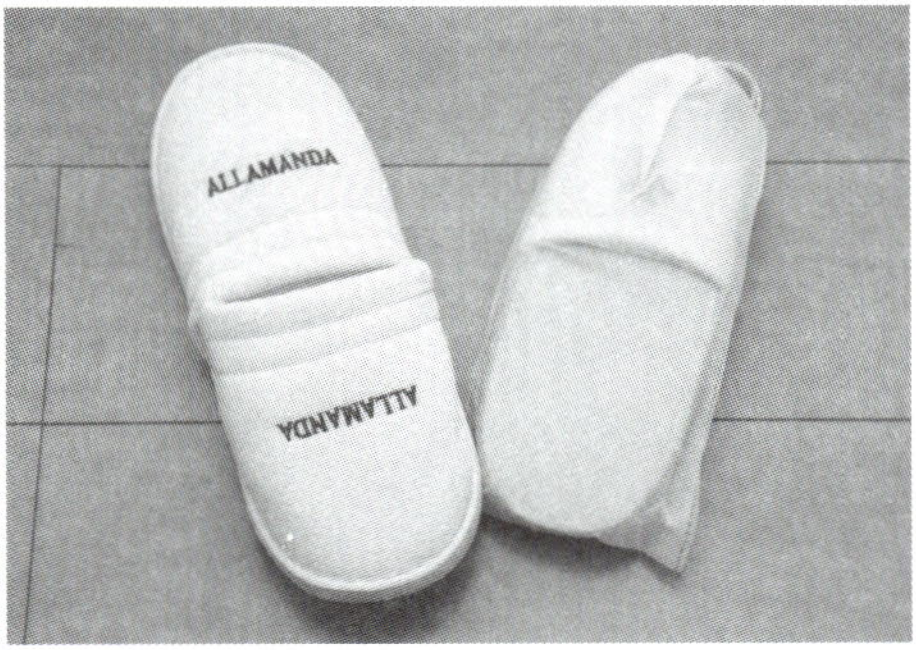

③ 大きめの袋

・手がふさがっていると行動が制限されてリスクが高まる。必要なモノは大きな袋にとりあえず入れて、肩に掛けて持ち出す
・イケアのバッグが重宝する。無ければキャンバス地など丈夫な袋を用意しておく

災害のときに持ち出す必需品一覧

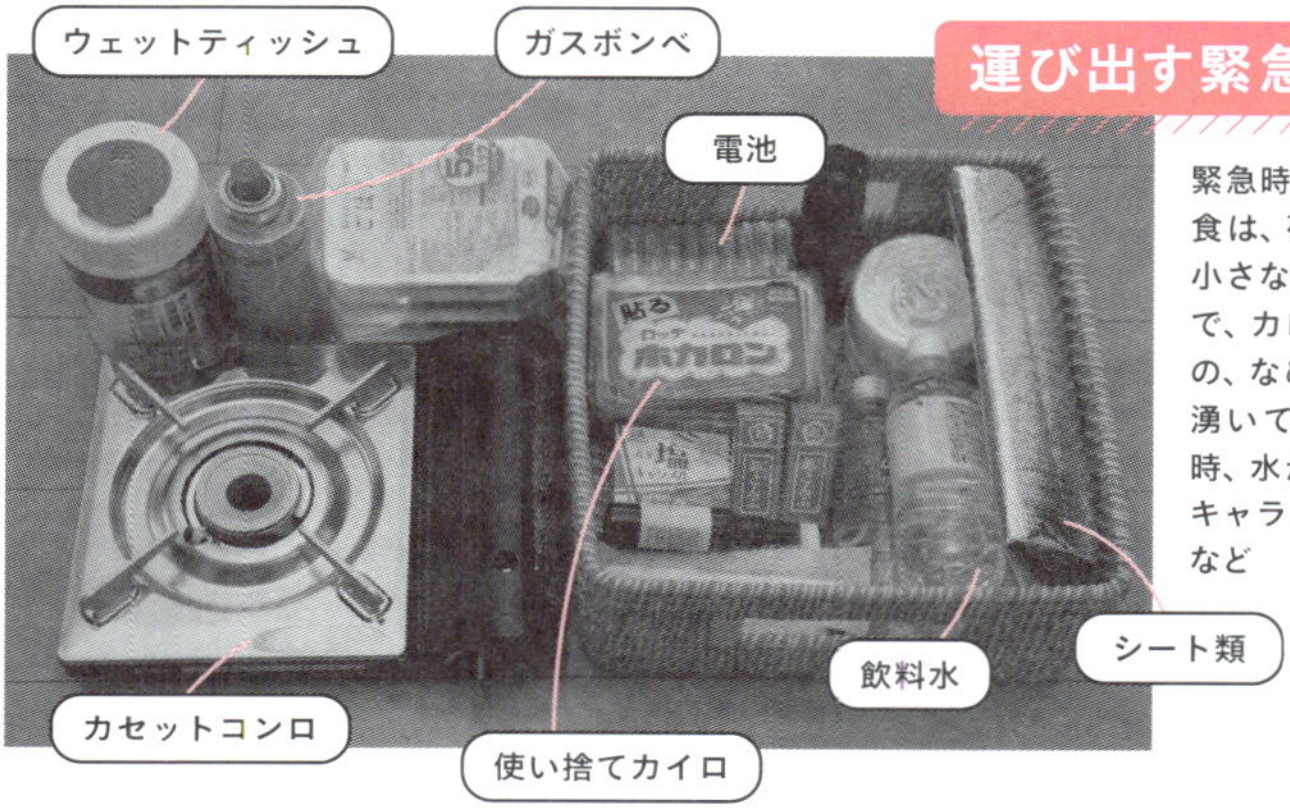

ウェットティッシュ
ガスボンベ
電池
カセットコンロ
使い捨てカイロ
飲料水
シート類

運び出す緊急非常食

緊急時に運び出す非常食は、荷物にならない小さなおやつがメインで、カロリーが高いもの、なめていて唾液が湧いてくるもの（災害時、水が貴重なため）。キャラメルや酢こんぶなど

救急箱

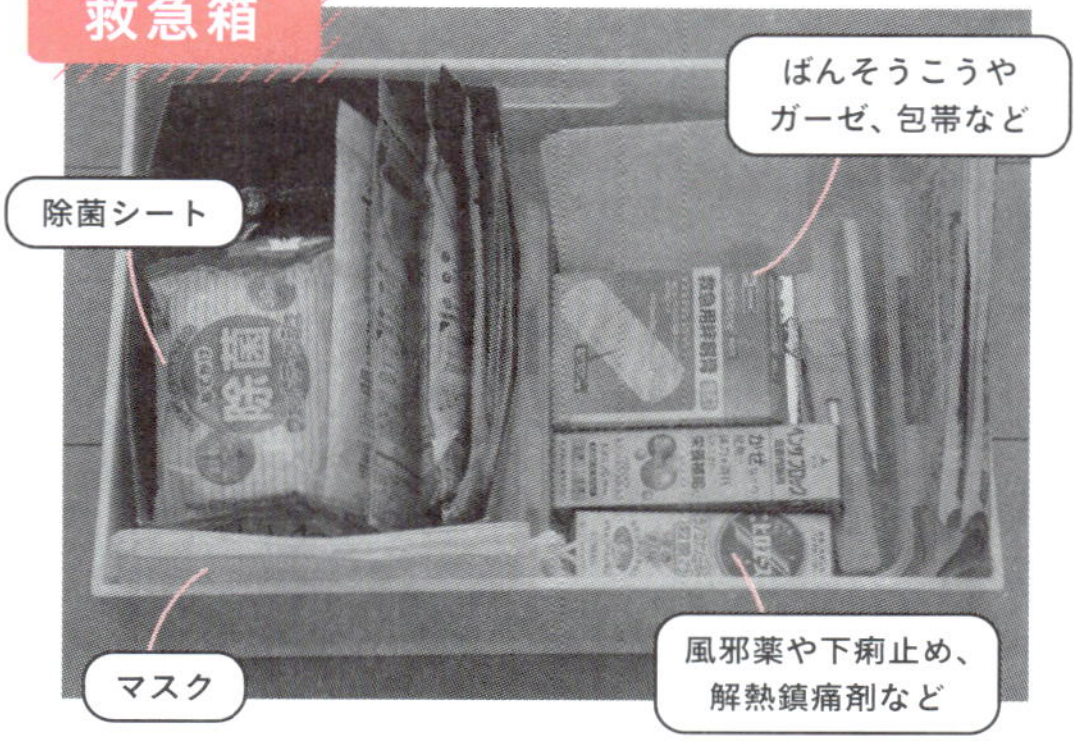

ばんそうこうや
ガーゼ、包帯など
除菌シート
マスク
風邪薬や下痢止め、
解熱鎮痛剤など

自衛隊式
TECHNIQUE
FILE
20

いざというときのための心と身体の備え

自衛隊で学んだのは、ふだんから必要品や部屋の状態を整えておくことの大切さです。それがいざというときの迅速な行動に直結するのです。家の中の状態をしっかり把握しておくことは、気持ちの面で災害に備えることにもつながります。同様に、身体も常日頃からチェックし、メンテナンスしておくことにより、いざというとき、自分の思った通りに身体が動かせ、また、苛酷な状況への耐性も高まります。

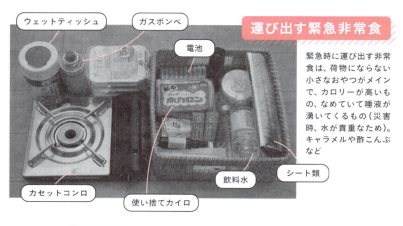

OSOUJI COLUMN

ハザードマップは頭に入れておく

災害時はスマホや携帯電話を使えない可能性が高いため、ハザードマップを見て確認するとともに、避難経路を実際に歩いてシミュレーションしておきます。また、いざというときの連絡法も家族と話し合って決めておきましょう。

懐中電灯

家の中の複数箇所に常備

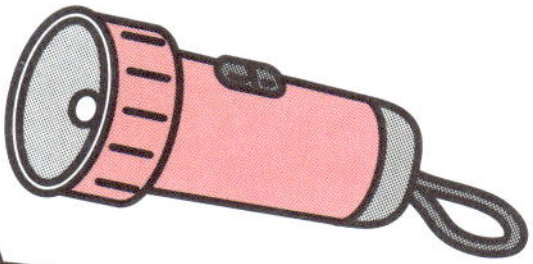

スリッパ

一緒にしてリビングの収納棚など取り出しやすい場所に常備

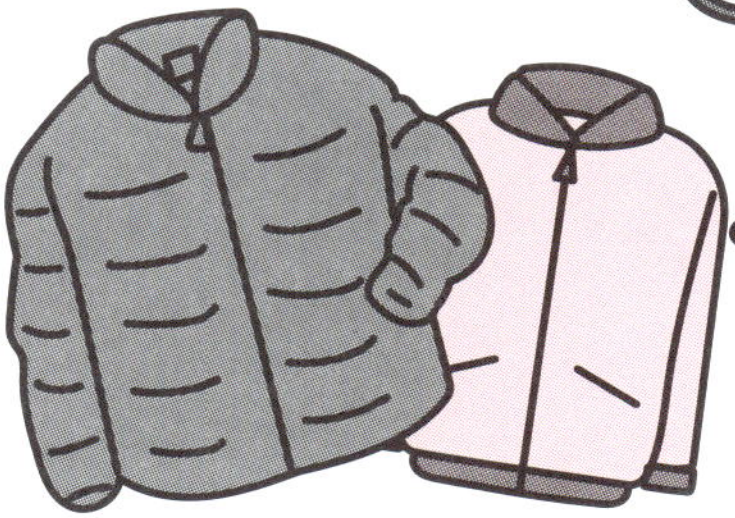

防寒着

ジャンパーやダウンジャケットなど、薄手で防寒性が高いモノ

非常食

缶詰やラーメン、キャラメルなど

動線をふさがない

緊急時にすぐに避難できるよう、玄関や掃き出し窓に向かう避難経路には何も物を置かないようにする

COLUMN

災害に強い整理整頓の心得

このところ毎年のように地震や集中豪雨による河川の氾濫などの災害に見舞われています。日本に住んでいる以上、他人事だと思わずに、日ごろから備えておくことが大切。こうした災害への危機管理に役立つ整理整頓の心得を再確認しておきましょう。

■心得その1　ひと目で全体を把握する

本来あるべきものがきちんと備わっているか、常に把握しておきましょう。防災用品を用意していても、どこにあるのかわからないようでは本末転倒です。また、どれくらいの備蓄があるのか、消費期限はいつか、カセットコンロや懐中電灯などがきちんと動くのかも確認しておき、いつでも持ち出せるようにしておきます。

■心得その2　モノは極力、外に出さない

ものが無造作に置かれていると、それが非常時に逃げ道をふさぐ障害物になりかねません。また、地震などであたりに散乱してしまう危険があるので、重い鍋や割れやすい皿、コップ類などはなるべく腰より低い引き出しにしまいましょう。

■心得その3　すべての整理は動線を考えて行なう

玄関や庭に面した掃き出し窓、階段など、避難経路になる動線上には、家具や観葉植物などは一切置かないようにします。また、気をつけなければいけないのがベッド周辺。夜、災害が起きたときなど、寝ぼけたままベッドから飛び出すのは危険です。私はベッドまわりには枕元に懐中電灯、足元にスリッパを置く以外には一切モノを置きません。

Q 01

忙しすぎて掃除や片づけの時間がまったくとれません。どうしたらいいでしょうか？

A

繰り返しになりますが、掃除・片づけは習慣なので、優先的に時間をつくるべきです。サバイバルにも役立ちます。

時間がないという人の多くは、モノが多すぎて掃除に時間がかかるためなかなか手をつけられないでいると考えられますが、実は忙しいといいつつ、むしろ必要なモノを探したり忘れ物を取りに戻ったりするなど、時間をムダに使っているのです。

まずは決心して、休日を費やしてモノを減らしてください。ここにあったのかと思うようなものは間違いなく不要なモノ。徹底的に処分してしまいましょう。

その上で掃除にとりかかるわけですが、長年たまった汚れを落とす作業は大変なので、ここは思い切って業者に依頼しても構いません。ただし、**整理整頓だけは自分で行なうこと**。整理整頓は自分の頭の中や行動を整理することにもつながるからです。

キレイに整理整頓された部屋で暮らせば、あなたのパフォーマンスも圧倒的に上がります。結果、時間的なゆとりもできるはずです。

Q02
リビングは自分がいくら片づけても、他の家族が散らかしてしまうので、やる気がなくなってしまいます。

A

リビングをきれいに保つには、各自の所有物を置きっぱなしにしないことが重要。また、リビングが散らかっていると災害時の動線をふさいでしまう恐れもあるので、片づけを通じて防災意識を高めるという意味でも、まずは「リビングだけはみんなでキレイにする」というルールをつくりましょう。

こうしていったん片づけたら、次にどこか一カ所でいいので、キレイに維持できる場所をつくりましょう。そこだけ高価な家具を置くなどして、汚れている状態が不自然だと思えるようになると、片づけの習慣化につながります。

ただ、以上は理想的なケース。なかにはどうしても片づけられないという人もいるもの。そんなときは、**大きめのカゴやボックスを用意してその人専用のスペースをつくってあげます**。小さな子どもに「おもちゃはおもちゃ箱に戻してね」と教える感覚です。

その人が自分で片づけられないときは、あなたが入れてあげてください。こうして周囲からモノを排除することに慣れさせていき、モノが散らばらなくなったら、あとはボックスを目立たないところに片づけるだけ。少しの手間でキレイな部屋で暮らすことができ、小言を言い続けてストレスをためることもありません。

Q 03 猫を飼っているので、家の中が毛だらけになります。いい掃除方法はありますか？

A

猫に限らず、動物が住んでいるとどうしても部屋が汚れやすくなりますし、臭いも出てきます。ホコリや毛などを放置するのはペットにとってもよくありませんし、ものが落ちていると誤飲の危険もあります。**部屋をキレイにするのは、ペットの命を守るため**でもあるのです。

そのためには、できるだけ部屋をシンプルにすることが大切。そして、家具やカーペットもなるべくラクに清潔が維持できるものにしましょう。

まず、ソファはカバーが洗えるものにします。そして毛足が長いカーペットは避けること。粘着ローラーは必須です。ハンディクリーナーなどがあるとついでにちょこちょこ掃除ができるので便利です。そのほかトイレットペーパー（粗相をしてもトイレに流せる）やウェットティッシュ、脱臭スプレーなどを用意し、それらのグッズは散らばらないように専用のカゴなどに入れてひとまとめにしておきます。また、床や家具は水拭きにするか、動物の身体に害のない洗剤を使って拭くようにしましょう。

ペットを飼うと家が汚れると考える人もいますが、マメに掃除するようになり、**かえってきれいになったという声も多い**のです。ルーティン化に成功すれば、楽しいペットライフが送れますよ。

Q04 掃除は一日のうちの何時ごろにやると効率がいいのですか？

A 私の場合は自衛隊時代の習慣が身についているため、就寝前に行なうようにしています。その日の汚れを徹底的にキレイにしてからのほうが、安心して眠りにつくことができるのです。地震や台風など、急に何かが起こって非難する場合も、モノがあちこちに散らばっていて避難経路をふさいでしまう心配もありません。

でも、いろいろな考え方があると思います。

例えば、空気中に舞っているホコリが落下するのに約9時間かかるといわれます。なので、朝起きてすぐに掃除をすれば、就寝中に床に落ちたホコリを効率よく回収できます。

また、日中家にいない人の場合は、帰宅後すぐに掃除をすれば、そのあとの時間をきれいな部屋で気持ちよく過ごせます。

私のように寝る前に掃除をするメリットとして、クリーンな空気の中で、余計なホコリを吸わず眠ることができるということもあります。

朝、帰宅後、夜、いずれもメリットがあるので、自分の生活の中で、ルーティンにしやすい時間帯を選ぶことが大切です。**何より大切なのは「続けること」**なのですから。

Q05 築30年の古いアパートに住んでいます。古くてもキレイに見えるようにする掃除や片づけのコツはありますか？

A 古い住宅をタイルで飾りつけたりアンティークの家具を置いたりして、おしゃれに住んでいる人もいますね。壁紙の張り替えをしたり、ドアノブなどの部品を交換したりすれば、中古の住宅も現代的に蘇ります。

ただし、これはある程度の美的センスや、DIYの技術がある人の場合。一般の人がそこまでやるのは大変です。

そこで、より簡単な手段なのが、**モノを置かないこと**です。古い物件でも引っ越してきた直後はきれいに見えるもの。それを維持するようにすればいいのです。ただ、いまさらそれは難しいというのであれば、新品でピカピカの、できるだけ**高品質の家具を揃えること**をおすすめします。白で統一するなど、清潔感を重視してコーディネイトするとさらに効果的です。

繰り返しますが、キレイなものがあると、そのキレイを維持しようという心理が働きます。一部だけ浮いて見えるというアンバランスさは、周囲をきれいにする強力な動機づけになるのです。

また、水回りの蛇口などは思い切って業者に依頼し、交換するとよいでしょう。光るべきものをピカピカに光らせておくことで、部屋全体がキレイに見えます。

Q 06

今はいろいろな掃除機がありますが、おすすめの掃除機はどういうタイプですか？

A

手動の掃除機では、機動性を重視したスティックタイプと、本体に車輪がついていて、ゴロゴロ転がすキャニスタータイプがあります。そのほか、ゴミの収集方法も、掃除機の中に直接ためて丸洗いするサイクロン式、紙パックにためる紙パック式の2種類があります。また、自動で掃除してくれるロボット掃除機も一般的になってきました。

まず、スティックタイプの多くはコードレスで機動性があり、細かい部分を掃除するのに向いているのですが、電池が切れる不安があるので、私はあまり使いません。また、機種によってはトリガーを握り続けていないと作動しないものもあり、このタイプは意外に握力が必要になるので、女性だと使いにくいと感じることもあるようです。

私の場合は、リビングにロボット掃除機を置いています。外出している午前11時頃にタイマーをセットしているので、キレイな部屋に帰宅できます。ただし、これは、**ロボット掃除機が自動で働ける環境（床に物が少ない）をつくるのが大前提**になってきます。また、家具の隙間など、ロボット掃除機でカバーできない部分もあるので、パワーの大きい掃除機を組み合わせて使用しています。床に物がないのでコードはさして邪魔になりません。

Q07 急なお客様が来るというときに、10分程度でキレイに見せるコツはありますか？

A 部屋が汚く見える原因は、床にモノが散らかっていることです。ホコリも、たまってないほうがもちろんよいのですが、あってもそれほど目立たないので、優先順位は低いのです。

あと10分でお客様が来る、という場合は、それこそ、サバイバル用の大きく丈夫なバッグ（イケアのバッグなど）を出してきて、落ちているモノをひとつ残らず集め、そこに放り込みましょう。そして、他の部屋なり収納スペースの中なり、とにかくお客様に見えないところに持って行きます。それからソファ周囲に掃除機をかける。これで5～6分でしょうか。あとは、キッチンのシンクに洗い物がたまっていたら洗う、エチケットとして、トイレや洗面台のタオルを替えておくくらいまでできればよいですね。

もちろん、ここに紹介したのはあくまでも応急措置ですが、せっかくですから本格的な片づけのきっかけとしてみてはいかがでしょう。最初に**床に散らかっていたモノを放り込んだ大きなバッグの中身の大半は、実は「不要なモノ」の蓋然性《がいぜんせい》が高い**のです。このバッグの中身をそっくり処理する、あるいは仕分けをすることから、家の片づけをスタートさせてください。

Q 08

最近、毎年のように大きな水害が起きています。自分も備えておきたいのですが、水害への備えは何がポイントになりますか？

A

ふだんから自宅の周囲や、通勤や生活で通る場所などの浸水マップを見て、危ない場所をチェックしておくのが基本となります。

そして、逃げるときの服装にも注意が必要。例えば雨だからと長靴を準備しがちですが、靴の中に水が入ると脱げたり足を取られたりするので、**スニーカーのほうが安全**です。また、両手が使えるよう、**傘ではなく必ずレインコートを用意**しておきましょう。

非常時の情報源ですが、スマホは検索しているとあっという間に電池がなくなってしまいますし、電波基地が被害に遭うと使えなくなります。**ラジオも併用**するようにしましょう。

そして、日ごろから玄関や掃き出し窓などに至る避難経路には、物を置かないようにしておくことも大事です。また、発表されているピーク予想の時間になる前に、避難すること。万が一、避難が遅れて浸水してしまったら、動けるのはせいぜい腰ぐらいまでで、それ以上の深さになると溺れる危険性が出てきます。そうなった場合、自宅が高台にあったり2階があるなら、無理をして避難所に行くよりも自宅にいたほうが安全ということもあり得ます。

それから、**浴槽に水を張っておく**こと。水道が止まった際に、トイレを流すのに使います。

Q09 水害後の家の片づけは、どんなところに注意すればいいのですか？

A

水害後は、家の中が水浸しになったり、家具やモノが家中に散乱したりしている状態です。割れ物や釘といった危険物が落ちている可能性があり、たまった水に細菌が繁殖しやすくなっているので、マスクやゴム手袋、安全靴や滑りにくい長靴、長袖長ズボン、ヘルメットなど、しっかりと防備を固めることが大切です。

また片づける前に、自治体に提出する罹災証明書や、保険会社への報告用に、**被害状況の写真を撮っておきましょう**。家のどのあたりまで浸水したのかがわかるよう、外観を四方から撮影します。内部の各部屋も、できるだけ多く撮っておいてください。浸水した家電、家具なども同様。車も忘れずに撮っておきます。

次に、使えるものと使えないものを仕分けします。使えないものはゴミとして外に出しておけば、自治体で回収してもらえます。

水害後の片づけは本人やその家族だけでは難しい場合も多いので、**ボランティアを依頼**しましょう。自治体のホームページや、最寄りの避難所で受けつけています。

また、リフォームや、被害が大きい場合は建て替えの費用が出る場合もあります。自治体の情報はこまめにチェックしておきましょう。

Q10 災害への備えとして、備蓄やハザードマップの確認のほかに必要なことはありますか？

A 自分の身にも必ず起こることだと思って、心の準備をしておきましょう。各自治体で災害マニュアルを発行しており、インターネットで公開しているほか、印刷したものが役所や図書館などの施設に置いてあります。災害が起きたとき、どこに避難をすればよいのか、自治体からはどんな支援があるのか、またその流れはどうか、を理解しておきましょう。

それから、**ふだんから家族と話題にしておきましょう。**どんな災害が起きたらどうするかを、いろいろなシナリオでシミュレーションしておくのです。家族同士の連絡手段、困ったときに頼る親戚なども打ち合わせておきます。

また、町内会やマンションなどが開催している避難訓練にも参加しておくといいですね。近所の人とも顔を合わせることができます。災害時には、隣近所で情報を交換したり、助け合ったりすることになります。ふだんからコミュニケーションしておくと、いざというときにも役立つわけです。

おわりに

片づけ・整理整頓で、自身の心と身体を整えよ

最近は、自衛隊員の技術を、災害時やふだんのトラブルに活用しようという書籍やテレビ番組が増えています。

なぜ、自衛隊の技術がこれほど注目されているのでしょうか。

それは、自衛隊が極限の状態で最大のパフォーマンスを発揮できるよう、訓練されている組織だからでしょう。自衛隊では、さまざまな技術が隊員から隊員へと受け継がれ、蓄積されてきています。

そのひとつが本書で紹介した、掃除・片づけと整理整頓の技術です。自衛隊の任務ではこれが命を救うことに直結しているのです。

しかし、私が皆さんに本当にお伝えしたいのは、小手先のお掃除テクニックではありません。「生きる力をつけるための技術」です。冒頭でも述べましたが、本書でご紹介した掃除・片づけ、整理整頓を毎日のルーティンにすることができれば、確実にあなたのパ

フォーマンスは上がります。そして、その過程で最低限のモノで暮らす、スピーディに行動する、危険を察知し、それを避ける、厳しい環境に耐えるといった、サバイバルの力も身につきます。

モノを捨てるということは、自分が何をしたいのか、そのために必要なものは何かを頭の中で整理することでもあります。毎日同じことを繰り返すということは、自分の心身の状態を確認し、何ができて何ができないのかを把握して、それを継続するために努力しようという姿勢を培うことにつながります。

これらの力をトータルに働かせることが、例えば、震災や豪雨など、多くの死傷者が出るような未曾有《みぞう》の災害への冷静な対応につながるのです。

ぜひ、自衛隊式片づけ術を身につけて、イザというときに役立つ心と身体の備えを整えてください。

【著者プロフィール】

畠山大樹
Hatakeyama Daiki

1990年北海道生まれ。株式会社お掃除レンジャー代表取締役。22歳から約3年間、陸上自衛隊第1空挺団に所属。その後、自衛隊で培った掃除・片づけ、整理整頓の技術を活かして清掃会社「お掃除レンジャー」を起業する。ホテルや民泊、個人宅など月間約1000件以上の清掃業務を請け負っている。

URL：http://www.osoujiranger.jp/

自衛隊式片づけ術
生き残りたければ片づけろ!

2019年12月21日　第1刷発行

著　者　畠山大樹
発行者　土井尚道
発行所　株式会社 飛鳥新社
〒101-0003 東京都千代田区一ツ橋2-4-3
光文恒産ビル
電話(営業)03-3263-7770　(編集)03-3263-7773
http://www.asukashinsha.co.jp

ブックデザイン・DTP　出渕諭史(cycledesign)
イラスト　オオノマサフミ
池田伸子(cycledesign)
撮影　Pash(田中達晃＋石川咲希)
編集協力　圓岡志麻

印刷・製本　中央精版印刷株式会社

ISBN978-4-86410-738-9

編集担当　池上直哉